CW01373189

Transforma tu vida con los 72 nombres de Dios

Alberto Lajas

© Jose A. Lajas Antunez
© Transforma tu vida con los 72 nombres de Dios

ISBN : 9781671654624

Impreso en España
Editado por Centro Lajas Internacional

www.centrolajasinternacional.com

centrolajasinternacional@gmail.com

Reservados todos los derechos. Salvo excepción prevista por la ley, no se permite la reproducción total o parcial de esta obra, ni su incorporación a un sistema informático, ni su transmisión en cualquier forma o por cualquier medio (electrónico, mecánico, fotocopia, grabación u otros) sin autorización previa y por escrito de los titulares del copyright. La infracción de dichos derechos conlleva sanciones legales y puede constituir un delito contra la propiedad intelectual.

Dedicado a mi Padre Celestial, Yo Soy, lo Soy.

Índice

-Introducción………………………..

-Entender que son los milagros…….

- Que es la Cabala……………………

-Que son los 72 nombres de Dios…….

-Como trabajar con los 72 nombres….

-Trabar con el Péndulo Hebreo y los 72 nombres de Dios.

-Palabras finales…………………….

-Sobre Alberto Lajas…………………..

INTRODUCCIÓN

Las casualidades no existen, y si tienes este libro en tus manos es porque El Espíritu Santo escuchó tu llamada. Este libro ha sido creado y guiado por El Espíritu santo, el cual está detrás de los 72 nombres de Dios, con los cuales vas a trabajar.

Al comenzar este libro solo deseo pedirte algunas cosas. La primera, que sea la que sea tu creencia, religión, o pensamiento, el que leas y trabajes con este libro de forma neutra. Si vienes con ideas preconcebidas, o tratas de juzgar porque esto será, no será o como será, posiblemente la fuera de los milagros que están a punto de ocurrir en tu vida se bloqueen.

También deseo pedirte que trates de dejar que lo que deba ocurrir, ocurra. Venir con expectativas a este libro puede defraudarte, ya que tu ego, quizás, tenga planes concretos para que ocurran ciertos portentos o para que ocurran ciertas cuestiones puramente materiales, como hacerte rico, o cosas así.

Y no estoy diciendo que estas cosas sean malas en si, peor el fin de trabajar con los 72 nombres de Dios, al margen de que te ayuden en tus problemas diarios, es la de que se manifieste el poder de Dios en ti, de que le sientas como ni imaginas. Y el que puedas vivir esta experiencia no tiene comparación con nada de lo que el mundo material te pueda dar.

Este libro tiene como fin el que Dios y su poder cambie tu vida, y será El, Yo Soy el que Soy, el Padre , el que de forma amorosa y sabia hará los milagros que realmente sean necesarios para ti, y para los tuyos, en el tiempo y momento precisos.

He escrito este libro utilizando fuentes Judías y escritos basados en la Cabala, pero lo hice como en todos mis libros con un lenguaje y de una forma sencilla y practica, para que cualquier lector de cualquier edad o nivel cultural pueda entenderlo y practicarlo.

Te dejo ya con la lectura de este milagroso libro, y te pido que trates de trabajar con el despacio, sin prisas, ya que los 72 nombres de Dios requieren calma, y masticar, sentir cada palabra, ya que al hacerlo, de alguna manera estarás orando, hablando con el mismo Dios…

Te deseo paz y luz.

Alberto Lajas

Capitulo 1- Que son los milagros

Dado que en este libro el fin de trabajar con los 72 nombres es que ocurran milagros, como introducción y ayuda para que entiendas que son los milagros, permíteme que te traslade literalmente varios textos de " Un curso de milagros", los cuales, ellos solos, te abrirán los ojos y te darán plena luz de que son los milagros y como actúan.

QUE SON LOS MILAGROS

1. No hay grados de dificultad en los milagros. No hay ninguno que sea más "difícil" o más "grande" que otro. Todos son iguales. Todas las expresiones de amor son máximas.

2. Los milagros -de por sí- no importan. Lo único que importa es su Origen, El Cual está más allá de toda posible evaluación.

3. Los milagros ocurren naturalmente como expresiones de amor. El verdadero milagro es el amor que los inspira. En este sentido todo lo que procede del amor es un milagro.

4. Todos los milagros significan vida, y Dios es el Dador de la vida. Su Voz te guiará muy concretamente. Se te dirá todo lo que necesites saber.

5. Los milagros son hábitos, y deben ser involuntarios. No deben controlarse conscientemente. Los milagros seleccionados conscientemente pueden proceder de un falso asesoramiento.

6. Los milagros son naturales. Cuando no ocurren, es que algo anda mal.

7. Todo el mundo tiene derecho a los milagros, pero antes es necesario una purificación.

8. Los milagros curan porque suplen una falta; los obran aquellos que temporalmente tienen más para aquellos que temporalmente tienen menos.

9. Los milagros son una especie de intercambio. Como toda expresión de amor, que en el auténtico sentido de la palabra es siempre milagrosa, dicho intercambio invierte las leyes físicas. Brindan más amor tanto al que da como al que recibe.

10. Cuando se obran milagros con vistas a hacer de ellos un espectáculo para atraer creyentes, es que no se ha comprendido su propósito.

11. La oración es el vehículo de los milagros. Es el medio de comunicación entre lo creado y el Creador. Por medio de la oración se recibe amor, y por medio de los milagros se expresa amor.

12. Los milagros son pensamientos. Los pensamientos pueden representar el nivel inferior o corporal de experiencia, o el nivel superior o espiritual de experiencia. Uno de ellos da lugar a lo físico, el otro crea lo espiritual.

13. Los milagros son a la vez comienzos y finales, y así, alteran el orden temporal. Son siempre afirmaciones de renacimiento, que parecen retroceder, pero que en realidad van hacia delante. Cancelan el pasado en el presente, y así liberan el futuro.

14. Los milagros dan fe de la verdad. Son convincentes porque proceden de la convicción. Sin convicción degeneran en magia, que es insensata, y, por lo tanto, destructiva; o más bien, el uso no creativo de la mente.

15. Todos los días deberían consagrarse a los milagros. El propósito del tiempo es que aprendas a usarlo de forma constructiva. El tiempo es, por lo tanto, un recurso de enseñanza y un medio para alcanzar un fin. El tiempo cesará cuando ya no sea útil para facilitar el aprendizaje.

16. Los milagros son recursos de enseñanza para demostrar que dar es tan bienaventurado como recibir. Aumentan la fortaleza del que da y simultáneamente le dan fortaleza al que recibe.

17. Los milagros trascienden el cuerpo. Son cambios súbitos al dominio de lo invisible, más allá del nivel corporal. Por eso es por lo que curan.

18. El milagro es un servicio. Es el máximo servicio que le puedes prestar a otro. Es una manera de amar al prójimo como a ti mismo, en la que reconoces simultáneamente tu propia valía y la de él.

19. Los milagros hacen que las mentes sean una en Dios. Se basan en la cooperación porque la Filiación es la suma de todo lo que Dios creó. Los milagros reflejan, por lo tanto, las leyes de la eternidad, no las del tiempo.

20. Los milagros despiertan nuevamente la consciencia de que el espíritu, no el cuerpo, es el altar de la verdad. Este reconocimiento es lo que le confiere al milagro su poder curativo.

21. Los milagros son expresiones naturales de perdón. Por medio de los milagros aceptas el perdón de Dios al extendérselo a otros.

22. Los milagros se asocian con el miedo debido únicamente a la creencia de que la obscuridad tiene la capacidad de ocultar. Crees que lo que no puedes ver con los ojos del cuerpo no existe. Esta creencia te lleva a negar la visión espiritual.

23. Los milagros reorganizan la percepción y colocan todos los niveles en su debida perspectiva. Esto cura ya que toda enfermedad es el resultado de una confusión de niveles.

24. Los milagros te capacitan para curar a los enfermos y resucitar a los muertos porque tanto la enfermedad como la muerte son invenciones tuyas, y, por lo tanto, las puedes abolir. Tú mismo eres un milagro, capaz de crear a semejanza de tu Creador. Todo lo demás no es más que tu propia pesadilla y no existe. Sólo las creaciones de luz son reales.

25. Los milagros son parte de una cadena eslabonada de perdón que, una vez completa, es la Expiación. La Expiación opera todo el tiempo y en todas las dimensiones del tiempo.

26. Los milagros representan tu liberación del miedo. "Expiar" significa "des-hacer". Deshacer el miedo es un aspecto esencial del poder expiatorio de los milagros.

27. Un milagro es una bendición universal de Dios a todos mis hermanos por mediación mía. Perdonar es el privilegio de los perdonados.

28. Los milagros son un modo de liberarse del miedo. La revelación produce un estado en el que el miedo ya ha sido abolido. Los milagros son, por lo tanto, un medio, y la revelación un fin.

29. Los milagros alaban a Dios a través de ti. Lo alaban al honrar a Sus Creaciones, afirmando así la perfección de las mismas. Curan porque niegan la identificación con el cuerpo y afirman la identificación con el espíritu.

30. Dado que los milagros reconocen el espíritu, ajustan los niveles de percepción y los muestran en su debido lugar. Esto sitúa al espíritu en el centro, desde donde puede comunicarse directamente.

31. Los milagros deben inspirar gratitud, no reverencia. Debes dar gracias a Dios por lo que realmente eres. Los Hijos de Dios son santos, y los milagros honran su santidad, que ellos pueden ocultar, más nunca perder.

32. Yo inspiro todos los milagros, que en realidad son intercesiones. Interceden en favor de tu santidad y santifican tus percepciones. Al ubicarte más allá de las leyes físicas te elevan a la esfera del orden celestial. En ese orden tú eres perfecto.

33. Los milagros te honran porque eres digno de ser amado. Desvanecen las ilusiones que albergas acerca de ti mismo y perciben la luz en ti. De esta forma, al liberarte de tus pesadillas, expían tus errores. Al liberar a tu mente de la prisión de tus ilusiones te restauran la cordura.

34. Los milagros le devuelven a la mente su llenura. Al expiar su sensación de carencia establecen perfecta protección. La fortaleza del espíritu no da cabida a intromisiones.

35. Los milagros son expresiones de amor, pero puede que no siempre tengan efectos observables.

36. Los milagros son ejemplos de recto pensar que armonizan tus percepciones con la verdad tal como Dios la creó.

37. Un milagro es una corrección que yo introduzco en el pensamiento falso. Actúa como un catalizador, disolviendo la percepción errónea y reorganizándola debidamente. Esto te coloca bajo el principio de la Expiación, donde la percepción sana. Hasta que esto no ocurra no podrás conocer el Orden Divino.

38. El Espíritu Santo es el mecanismo de los milagros. Él reconoce las creaciones de Dios así como tus ilusiones. Separa lo verdadero de lo falso mediante Su capacidad para percibir totalmente en vez de selectivamente.

39. El milagro elimina el error porque el Espíritu Santo lo identifica como falso o irreal. Esto es lo mismo que decir que al percibirse la luz la obscuridad desaparece automáticamente.

40. El milagro reconoce que todo el mundo es tu hermano así como mi hermano también. Es una manera de percibir la marca universal de Dios.

41. El contenido perceptual de los milagros es la plenitud. De ahí que puedan corregir o redimir la errada percepción de carencia.

42. Uno de los mayores beneficios que se deriva de los milagros es su poder para liberarte de tu falso sentido de aislamiento, privación y carencia.

43. Los milagros surgen de un estado mental milagroso, o de un estado de estar listo para ellos.

44. Los milagros son expresiones de una conciencia interna de Cristo y de haber aceptado Su Expiación.

45. Un milagro nunca se pierde. Puede afectar a mucha gente que ni siquiera conoces, y producir cambios inimaginables en situaciones de las que ni siquiera eres consciente.

46. El Espíritu Santo es el medio de comunicación más elevado. Los milagros no entrañan ese tipo de comunicación, debido a que son medios temporales de comunicación. Cuando retornes a la forma original de comunicación con Dios por revelación directa, los milagros dejarán de ser necesarios.

47. El milagro es un recurso de aprendizaje que reduce la necesidad del tiempo. Establece un intervalo temporal fuera de lo normal que no está sujeto a las leyes usuales del tiempo. En ese sentido es intemporal.

48. El milagro es el único recurso que tienes a tu inmediata disposición para controlar el tiempo. Sólo la revelación lo transciende al no tener absolutamente nada que ver con el tiempo.

49. El milagro no distingue entre diferentes grados de percepción errónea. Es un recurso para sanar la percepción que es eficaz independientemente del grado o dirección del error. En eso radica su verdadera imparcialidad.

50. El milagro compara lo que tú has hecho con la creación, aceptando como cierto lo que concuerda con ella, y rechazando como falso lo que no.

(Fuente: Un Curso de Milagros)

TEST DE LOS MILAGROS

Bien querido lector, después de que hayas leído con atención los cincuenta puntos clave explicativos de que son los milagros, y para que puedas trabajar de forma clara con este libro, te pido que respondas a estas preguntas. Si te cuesta responder, no prosigas con este libro, y vuelve a leer los 50 puntos.

Responde:

1-¿Hay grados de dificultad en los milagros?

2-¿Que importancia tiene el amor en los milagros?

3-¿Es normal que no ocurran milagros?

4-¿Los milagros tienen como fin atraer creyentes?

5-La oración es el vehículo de ……

6-Los milagros son expresiones naturales del…

7-El Espíritu Santo es……

TU LISTA DE MILAGROS

Para terminar este capitulo, es importante que cojas tu libreta y escribas con detalle todos los milagros que hayan ocurrido en tu vida. Si, recuerda quizás aquella vez que no tenias ni un céntimo y de forma milagrosa apareció dinero… O aquella vez que estabas perdido en un lugar desconocido y en peligro, y apareció un samaritano que te ayudo...

El que hagas la lista de tus milagros es para callar la voz de tu ego, y para recordarte a ti que si ya has vivido varios milagros en tu vida, no es imposible que sigan ocurriendo.

No olvides poner en tu lista d ellos milagros el hecho de que estés vivo y sano, ya que la vida es el mayor milagro que Dios nos regala...

Capitulo 2-Que es la Cabala

Para que puedas entender el porque de los 72 nombres de Dios, es necesario que entiendas que es la Cabala, ya que ésta tiene una relación directa con los 72 nombres de Dios.

La Cábala (en hebreo qabbalah, "recibir") es una disciplina y escuela de pensamiento esotérico relacionada con el judaísmo.

Utiliza varios métodos para analizar sentidos recónditos de la Torá (texto sagrado de los judíos, al que los cristianos denominan Pentateuco, y que representa los primeros cinco libros de la Biblia).

En la antigua literatura judaica, la cábala era el cuerpo total de la doctrina recibida, con excepción del Pentateuco. Así pues, incluía a los poetas y los hagiógrafos de las tradiciones orales, incorporadas posteriormente al texto de la Mishná.

Sus textos principales son:
- El Árbol de la Vida.
- El Talmud de las 10 sefirot.
- El Zohar.
- El Séfer Ietzirá.
- El prefacio de la Sabiduría de la cábala.

Orígenes

La cábala surgió hacia finales del siglo XII, en el sur de Francia y España. Durante el renacimiento místico judío en la Palestina otomana.

La cábala sale a la luz como tal entre los siglos XII y XIII en la Provenza y Cataluña a través de las comunidades judías de la zona vinculadas indefectiblemente a Oriente Próximo. Así, podemos decir que la cábala nace en Sefarad, la comunidad judía española.

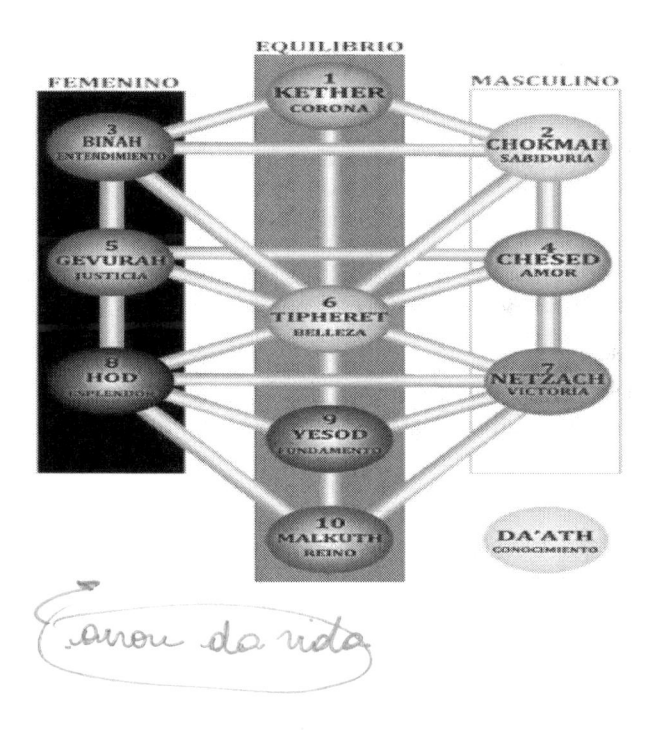

Una importante contribución a la cábala se le atribuye a Abraham Abulafia (nacido en Zaragoza en 1240). Una de las fuentes más importantes de la cábala es el Zóhar (libro del esplendor), escrito por Simeón Ben Yojai. La idea básica allí expuesta es que, del seno mismo de la Divinidad Oculta o Infinito (el Ain Sof), surgió un rayo de luz que dio origen a la nada (ain), identificada con una esfera (sefirá) o región, que recibe el nombre de kéter (corona).

A partir de esta corona suprema de Dios emanan otras nueve esferas (sefirot). Estas diez esferas constituyen los distintos aspectos de Dios mediante los cuales este se auto-manifiesta.

Según el escritor italiano Pico della Mirándola (1463-1494), el filósofo cabalístico alemán Johannes Reuchlin (1455-1522) y el matemático alemán Wilhelm Schickard (1592-1635), la cábala era una sabiduría ancestral anterior a todas las religiones, que el dios Yahvé había revelado primero a Adán (el primer hombre), después a Abraham y luego a Moisés en el monte Sinaí, al tiempo que le hacía entrega de las Tablas de la Ley, un suceso que los judíos situaban alrededor del siglo XIII a. C.
También se pretende que Dios enseñó sus verdades y misterios a través del ángel Raziel tras la caída de Adán.

La cábala como tal es el pozo de todas las tradiciones místicas judías que se fueron acumulando desde antes de Cristo y que llegaron a reinterpretar las Escrituras de tantas y tan variadas maneras que llegaron a crear una mística cercana al gnosticismo o al jasidismo.

En esencia, la cábala (palabra que significa 'recibir') es un sistema de interpretación mística y alegórica de la Torá (que los cristianos llaman Pentateuco, y representa los primeros cinco libros de la Biblia cristiana), que busca en ese texto el significado del mundo y la «verdad». Pretende interpretar los sentidos ocultos de los cinco libros y en ellos busca la revelación.

Puede entenderse de una manera metafísica, buscando la iluminación, o se puede entender como un medio a través del cual llegar a conocer la realidad que nos rodea. Cabalística es la afirmación de que «el conocimiento absoluto no tiene objeto sino que es un medio».

Para los cabalistas, el lenguaje es creador y la Torá contiene todos los textos, todas las combinaciones que pueden darse para crear otros mundos y otras realidades. Los cabalistas entienden que el nombre de Dios está formado por todas las letras que componen el alfabeto y que este, por tanto, tiene múltiples formas.

Capitulo 3-Que son los 72 nombres de Dios

Bien querido lector, llegamos ya al punto importante de entender que son los 72 nombres de Dios. Quizás estarás deseoso de que te diga ya como hacer milagros con ellos, y quizás digas que para que es necesario entender nada. Pues amigo mio ese es el mayor problema de muchos que dicen que practican espiritualidad, que hacen muchas cosas, oraciones mantras, ejercicios esotéricos, etc, y lo hacen solo porque desean que ocurran portentos en sus vidas, sin importarles que hay detrás de ellos.

8	כהת	אכא	ללה	מהש	עלם	סיט	ילי	והו	1
16	הקם	הרי	מבה	יזל	ההע	לאו	אלד	הזי	9
24	וזהו	מלה	ייי	נלך	פהל	לוו	כלי	לאו	17
32	ושר	לכב	אום	ריי	שאה	ירת	האא	נתה	25
40	ייז	רהע	וזעם	אני	מנד	כוק	להח	יזו	33
48	מיה	עשל	ערי	סאל	ילה	ול	מיך	ההה	41
56	פוי	מבה	נית	נגא	עמם	הוזש	דני	והו	49
64	מזזי	ענו	יהה	ומב	מצר	הרח	ייל	נמם	57
72	מום	היי	יבמ	ראה	זבו	איע	מנק	דמב	65

29

Todos los que nos dedicamos a trabajar con pacientes con ayuda de terapias naturales y herramientas metafísicas o espirituales, estudiamos con profundidad el porque de cada cosa, ya que hacer las cosas por hacerlas es algo de personas sin sentido, que actúan como robots. Te pido que leas y entiendas que son los nombres de Dios, y que medites lo que vas a leer.

LOS 72 NOMBRES DE DIOS

El antiguo Kabbalista Rav Shimón bar Yojái escribió en el *Zóhar* que fue Moisés, no Dios, quien dividió el Mar Rojo, permitiendo así a los Israelitas escapar del Faraón y del ejército egipcio.

Para poder lograr este aparente milagro, Moisés combinó el poder de la certeza con una tecnología espiritual muy poderosa. Él estaba en posesión de una fórmula que le daba literalmente acceso al reino subatómico de la naturaleza.

La fórmula que Moisés utilizó para vencer las leyes de la naturaleza ha estado oculta en el *Zóhar* durante 2.000 años.

Esta fórmula se llama los 72 Nombres de Dios. No son nombres como Beatriz, Guillermo y Bárbara, sino 72 secuencias compuestas por letras hebreas que tienen el poder extraordinario de vencer las leyes de la naturaleza en todas sus formas, incluyendo la naturaleza humana.

Aunque esta fórmula está codificada en la historia bíblica literal de la partición del Mar Rojo, ningún rabino, erudito ni sacerdote conocía el secreto. Éste sólo era conocido por un grupo de Kabalistas, quienes también sabían que cuando fuera el momento adecuado la fórmula se revelaría al resto del mundo.

Aunque no hables ni leas hebreo, puedes experimentar increíbles milagros. Ahora, después de 2.000 años de ocultamiento, los buscadores contemporáneos pueden también acceder a este poder y esta energía aprendiendo sobre los 72 Nombres de Dios y utilizándolos.

Los 72 Nombres son secuencias de tres letras cada uno, que actúan como un índice para frecuencias espirituales específicas. Simplemente mirando las letras, cerrando los ojos y visualizándolas, puedes conectarte con estas frecuencias. Con el fin de utilizar una metáfora física para describir lo que ocurre cuando usamos los 72 Nombres, piensa en un diapasón, que se utiliza para establecer un tono preciso. Cuando acercas un diapasón que vibra a otro que no vibra, el segundo diapasón empieza a vibrar debido al fenómeno llamado "transferencia simpática".

Los 72 Nombres de Dios funcionan como diapasones que te reparan a nivel del alma. Eso significa, a nivel práctico, que no tienes por qué pasar por algunas de las pruebas físicas más duras en la vida, pues puedes afinar tu cuerpo y tu alma con las frecuencias espirituales que tus ojos no perciben.

Los 72 Nombres de Dios fueron usados en la antigüedad para realizar asombrosos milagros, como el que te menciona arriba de Moisés para partir el Mar Rojo, pero también Josué los utilizó para detener el Sol y David para vencer a Goliat.

Sin embargo, el poder de estos 72 Nombres se perdió por milenios y quizás el mayor milagro de nuestro tiempo sea la repentina disponibilidad de este antiguo poder.

Esta secuencia de letras pertenece al arte de hacer milagros como he tratado de explicarte en el capitulo primero. Se requiere de cierto nivel de entendimiento antes de que el inmenso poder de este nombre pueda ser liberado. Debes entender querido lector, que la información por si sola no es poder.

A un niño se le pueden dar los planos para construir un avión 747, pero esta información le será inútil. El conocimiento, por otra parte, es realmente poder. Sabiduría es poder. Estas cualidades internas pueden aplicarse y traducirse en cambios prácticos y positivos, e incluso en milagros.

Cualquier milagro en el mundo material debe ser precedido por un cambio milagroso en nuestro carácter. La realidad física y la naturaleza humana están íntimamente conectadas. Cuando creamos una extraordinaria transformación dentro de nosotros mismos, el poder de este nombre permite al Universo expresar externamente este cambio interno.

Es por ello amigo lector, que debido a la trascendencia de lo que encierran los 72 nombres de Dios que vi necesario estos tres capítulos para prepararte o contarte que lo que vas a experimentar en breve, no es un juego o algo vil.

Capitulo 4- Como trabajar con los 72 nombres

Bien querido lector, llegó el momento de comenzar a trabajar con los milagrosos 72 nombres de Dios.

Quiero decirte, para comenzar, que cuando recites el nombre de los ángeles que administran la codificación de estas Fuerzas Divinas, serás siempre amparado y nada malo te sucederá.

MEDITACIÓN PREVIA

Querido lector, entes de trabajar con los 72 nombres de Dios, **es necesario que cada día**, si, **cada día** antes de trabajar con tus nombres elegidos hacer esta meditación para contactar con Dios y El Espíritu Santo. Busca estar solo, y con teléfonos apagados, y si puedes enciende una vela y un incienso. Tumbate, con ropa cómoda, descalzo y relate al máximo. Cierra los ojos, y coge mucho aire por la nariz, aguantalo 7 segundos, y expulsalo por la boca, lentamente en siete segundos. Repite estas respiraciones todo el tiempo.

Ahora visualiza como sales de tu cuerpo, como tu espíritu viaja al cielo, a las nubes. Allí, entras a La Casa de Dios, donde vive Dios. El Padre, Yo Soy El que Soy, te recibe en su morada, te abraza con amor y besa tu frente. Siente todo el tiempo el amor de Dios, vive este momento, siéntelo. Ahora, Dios impone sus manos en tu cabeza, y derrama el Espíritu Santo en ti . Siente como El Espíritu Santo entra en ti, en tu ser, y lo inunda por completo. Siente la paz y amor infinito de tener en ti al Espíritu Santo. Ahora, y solo cuando lo sientas, despídete de Dios, pero antes pídele con amor y respeto permiso para trabajar con algunos de Sus 72 nombres que tu vayas a necesitar, y una vez que veas o escuches como Dios Padre te da permiso y su bendición, puedes despedirte de El con amor.

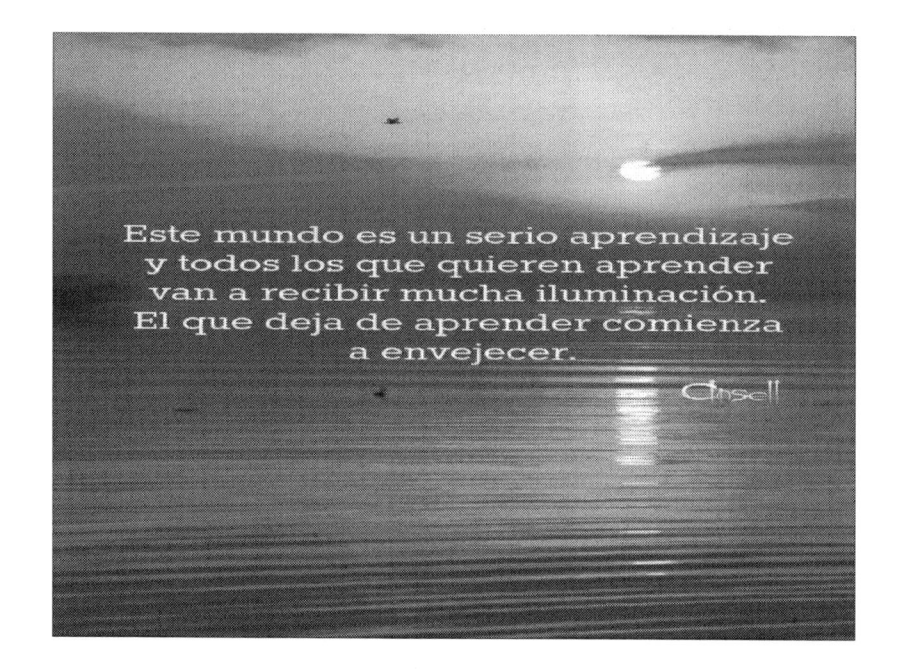

> Este mundo es un serio aprendizaje
> y todos los que quieren aprender
> van a recibir mucha iluminación.
> El que deja de aprender comienza
> a envejecer.
>
> Ansell

Ahora abre los ojos, y lentamente, sin prisa, incorporate, sentado en posición cómoda, y comienza a trabajar con los 72 nombres de Dios. Nunca trabajes con los 72 nombres sin antes haber hecho esta meditación, y sin estar lleno del Espíritu Santo, es vital.

Te pido que pongas tu dedo índice en cada descripción de cada nombre de este libro, con los ojos cerrados, despacio y con calma, "escanea", de derecha a izquierda, y si tu dedo se para, notas calor o se pone rígido, significará que ese es el nombre adecuado.

Cada día, deberás trabajar con los nombres de Dios que El Espíritu Santo y los ángeles te hayan indicado y el tiempo que ellos te indiquen. Tu solo repite cada día los nombres en hebrero que encontrarás al lado de el nombre, donde pone " se pronuncia", y recuerda, siempre, insisto, de **derecha a izquierda**.
Ejemplo: si el nombre de Dios elegido es el 36, Menadel, para el temor, debes pronunciar solo el nombre en hebreo: DALED – NUN – MEM, pero de derecha a izquierda, es decir pronunciarías: MEM, NUN, DALED. Debes pronunciarlo lentamente, o bien siete veces o bien cuarenta y cinco veces, lo que sientas. Trata de sentir cada palabra, su energía.

El efecto sanador y milagroso de los nombre de Dios que hayas elegido comienza con este ritual diario, si, debes repetir cada día, los nombres, sintiendo El Espíritu Santo.

Tu Divinidad y El Espíritu Santo te dirán cuando debes dejar de pronunciarlos o si tienes que utilizar unos nuevos.

Este trabajo es solo para ti, si alguien desea trabajar con los 72 nombres de Dios, deberá tener este libro para el, y trabajar el de forma individual, ya que cada uno tenemos libre albedrío y no es propio hacer el trabajo espiritual de otros.

DESCRIPCIÓN DE LOS 72 NOMBRES

1. VEHUIAH, (VIAJE EN EL TIEMPO).

Pronunciar: **VAV – HEI - VAV** Despierto la comprensión en mi corazón por anteriores malas acciones. Acepto la franca verdad espiritual de que los problemas en mi vida son resultado de mis acciones pasadas. Concentrándome en este Nombre ahora, destierro las semillas negativas que he plantado y haciendo esto transformo mi pasado, doy nueva forma a mi presente y creo un futuro lleno de alegría y realización.

2. YELIEL, (RECUPERANDO LA CHISPA),
Pronunciar: **YOD - LAMED – YOD.** Fragmentos de luz son sacados de las entidades destructivas que residen dentro de mí. Su fuerza de vida es cortada y soy reaprovisionado con Energía Divina. La vida crece con más brillo todos y cada uno de los días como si billones de chispas sagradas retornasen a mi alma.

3. SITAEL, (HACIENDO MILAGROS),
Pronunciar: **TET - YOD - SAMEG** .
Me libero de toda tentación y sentimientos negativos. Ahora soy libre para invocar este Nombre y encender, de este modo, el poder de los milagros en mi vida.

4. ELEMIAH, (ELIMINANDO PENSAMIENTOS NEGATIVOS). Pronunciar: **MEM - LAMED - AYIN** . Estoy desconectándome ahora de los pensamientos negativos que emanan de mi ego. En el espacio que he abierto, surge un suave resplandor de Luz espiritual.

5.MAHASIAH, (CURACIÓN).Pronunciar: **SHIN-HEI-MEM** . El poder de este Nombre trae la energía de la sanación a los niveles más profundos de mi ser, debido a que ahora puedo aceptar toda la responsabilidad por mi condición presente y a que he usado mi energía para concentrarme en otros que también necesitan curación. + salmo 59

6. LEHALEL, (ESTADO DE ENSUEÑO). Pronunciar:**HEI – LAMED – LAMED** . Con este Nombre soñaré verdaderamente. Mi alma ascenderá a lugares seguros y amorosos durante la noche. Despertaré con más fuerzas cada mañana. Revigorizada/o. Renovada/o en cuerpo y alma. Más sabia/o.

7. AHAIAH, (EL ADN DEL ALMA). Pronunciar:**ALEF – KAF - ALEF** .
Con este Nombre recibiré nada menos que el impacto total de las fuerzas de la Creación. Restablezco el significado de mi vida, que a menudo se siente falta de sentido, y el propósito, para un mundo que muchas veces parece no tener objeto. El orden retorna. Emerge la estructura. Todo está en perfecto orden.

8. CAHETEL, (DESACTIVANDO ENERGÍAS NEGATIVAS Y ESTRÉS). Pronunciar:**TAV – HEI – KAF** . Luz purificadora desactiva las influencias dañinas que puedan estar acechando, especialmente aquéllas que moran dentro de mí. El estrés se desvanece. La presión es liberada. El equilibrio y la energía positiva impregnan mi ser y mi mundo.

9. HAZAYAEL, (INFLUENCIAS DE LOS ANGELES). Pronunciar: **YOD -ZAIN- HEI** . Usando este Nombre puedo ahora acceder a la red de ángeles. Puedo poner en marcha el apoyo y la asistencia de ángeles positivos.

10. ALADIAH, (LAS MIRADAS PUEDEN MATAR). Pronunciar:**DALED – LAMED – ALEF.**
Mi propio potencial para dañar a otros por envidia ha disminuido. Un escudo de energía positiva me envuelve, suministrándome protección ante las miradas de envidia de otros.

11. LAUVIAH, (DISIPANDO LOS VESTIGIOS DEL MAL). Pronunciar: **VAV - ALEF- LAMED.**
La Luz de este Nombre desactiva la energía negativa y limpia mi entorno.

12. HEHAIA, (AMOR INCONDICIONAL). Pronunciar:**AYIN – HEI - HEI** .

¡Lo igual atrae lo igual! Cuando imito el amor de Dios/Diosa para toda la humanidad, traigo amor a mi propia vida. Creo armonía entre mí y otras personas, y entre la humanidad y el mundo natural.

13. EZALEL, (EL PARAÍSO EN LA TIERRA). Pronunciar:**LAMED – ZAIN – YOD** .

Enciendo la Luz del Mesías dentro de mí, dentro de los otros y a lo largo del planeta. El concepto del paraíso en la Tierra se vuelve algo concebible y alcanzable.

14. MEBAHEL, (ADIÓS A LAS ARMAS).
Pronunciar: **HEI – BET – MEM**. Así como la luz de una bombilla ahuyenta la oscuridad de una habitación, el conflicto o entre naciones luchando por un campo petrolero es conducido a toda escala entre personas discutiendo por un estacionamiento, a un final pacífico por medio de la Luz de este Nombre.

15. HARIEL, (VISIÓN DE LARGO ALCANCE).
Pronunciar: **YOD – RESH – HEI** .
Tengo el poder de una visión y previsión claras en cada ámbito de mi vida. Las vendas son removidas.

Puedo ver toda la frondosidad del árbol en la semilla recién sembrada. Puedo captar la relación causa a realidad. Mis elecciones y acciones en la vida están motivadas por los resultados finales y no por ilusiones momentáneas. Ahora mis ojos pueden ver más, percibo más a través del ojo de mi mente y puedo sentir más por medio de mi intuición.

16. HAKAMIAH, (DESHACIÉNDOSE DE LA DEPRESIÓN). Pronunciar: **MEM - KOF – HEI** .
Me ha sido conferida la fortaleza emocional para mantenerme erguida/o después de haber tropezado, para levantarme después de haber caído y para resistir cuando el camino parece intolerable.

17. LAVIAH, (EL GRAN ESCAPE). Pronunciar:
VAV – ALEF – LAMED . Este Nombre trae la mayor de las libertades: el escape de la mentalidad del "yo primero", que es la causa fundamental del dolor en mi existencia. En su lugar, obtengo los dones auténticos y permanentes de la vida: familia, amistad y realización.

18.CALIEL, (FERTILIDAD). Pronunciar: **YOD - LAMED – KAF**. Abundancia y productividad llenan mi ser. Estoy imbuida/o con el poder de la procreación.

Mi meditación personal es más poderosa si puedo meditar también sobre aquéllos que están tratando de comenzar una familia.

19.LEUVIAH, (COMUNICÁNDOSE CON DIOS).
Pronunciar:**VAV – VAV – LAMED.**
Usando este nombre puedo activar la comunicación directa con Dios.Me posesiono de este Nombre, me conecto, y mis oraciones más sinceras son respondidas con la velocidad de la 'Luz'.

20. PAHALIAH, (VICTORIA SOBRE LAS ADICCIONES). Pronunciar:**LAMED – HEI – PE** . Este Nombre garantiza mi victoria sobre las fuerzas del ego. Estoy impregnada/o de la fortaleza emocional y la disciplina necesaria para triunfar sobre mis impulsos egocéntricos.

21.NELAHEL,(ERRADICAR LA PLAGA). Pronunciar: **KAF – LAMED – NUN.** Usando este Nombre hago un llamado a la fuerza de la Luz para destruir las plagas de raíz. Pienso en la contaminación, el odio y cualquier otra plaga que infecte el mundo. Ahora invoco la fuerza de la Luz para arrancar estas plagas de raíz.

22. YEYALEL, (DETENER LA ATRACCIÓN FATAL). Pronunciar:**YOD – YOD – YOD.** Soy la suma sacerdotisa/el sumo sacerdote en el templo de mi propio ser. A través del poder de este Nombre, mi alma se impregna de energía divina y sólo atraigo ante mi presencia a personas honestas y cariñosas.

23. MELAHEL, (COMPARTIR LA LLAMA). Pronunciar: **HEI – LAMED - MEM** . Llevo este Nombre conmigo al mundo real para compartir la Luz con mis amigos, parientes y con la gran familia de la humanidad. Visualizo aperturas y oportunidades para la difusión global de esta Antigua sabiduría en el mundo. Solicito la fortaleza para llevar a cabo lo que digo. Sé que este Nombre despierta las fuerzas de la inmortalidad y el goce en el mundo. No debo esperar ni pedir nada menos que esto.

24. HAHEUIAH, (CELOS).Pronunciar: **VAV – HEI – JET.** Asciendo al Mundo Superior para debilitar a las fuerzas de la oscuridad surgidas a partir de mis pensamientos y miradas de celos. Al asumir la responsabilidad por mis pensamientos y acciones, incremento la alegría y el goce en el mundo.

25.NITHAHAIA, (DECIR LO QUE SE PIENSA). Pronunciar: **HEI – TAV – NUN** . Cuando necesito decir la verdad, este Nombre me da el coraje para abrir mi corazón antes de abrir la boca. Y cuando necesito escuchar la verdad, me da la fuerza para abrir mis oídos y no abrir la boca.

26. HAAIA, (ORDEN A PARTIR DEL CAOS). Pronunciar: **ALEF – ALEF – HEI** .Sé que la armonía siempre yace bajo el caos y, con este Nombre, el equilibrio y la serenidad son restaurados los siete días de la semana. El orden emerge del caos. ¡No sólo no caerá mi pan tostado sobre el lado untado con mantequilla, sino que simplemente no caerá!

27. YERATEL, (COMPAÑERA SILENCIOSA). Pronunciar:**TAV – RESH – YOD** .La Luz es ahora mi compañera silenciosa. Estoy rodeada/o de bendiciones y protecciones sin fin. ¡Es una asociación hecha en el cielo!

28.SEEHAIAH,(ALMA GEMELA) . Pronunciar:**HEI - ALEF – SHIN.** Usando esta secuencia de letras, la energía de las almas gemelas despierta en mi ser. Ahora atraigo la otra mitad de mi alma. Todas mis relaciones son profundamente enriquecidas, imbuidas con la energía del alma gemela.

29.REIYEL, (ELIMINANDO EL ODIO). Pronunciar: **YOD – YOD – RESH** ¡Necesito ser dolorosamente honesta/o! Reconozco a cada persona o grupo de personas que remueve en mí sentimientos de odio. ¡Con la Luz de este Nombre, tengo el poder de desprenderme de los sentimientos negativos que existen dentro de mí!

30. OMAEL, (CONSTRUYENDO PUENTES). Pronunciar:**MEM – VAV – ALEF** .Con el poder de este Nombre, extiendo una mano amistosa a las personas con quienes estoy en conflicto, ¡aun si el conflicto es sobre dinero! Despierto la compasión e invoco el coraje para levantar el teléfono y llamar a esa persona justo ahora. ¡Y eso significa ahora mismo! En consecuencia, será construido para mí un puente hacia el Mundo Superior.

31.LECABEL, (CONCLUIR LO QUE COMIENZO).Pronunciar: **BET – KAF – LAMED** . Estoy dotada/o con el poder para concluir todo lo que comienzo, especialmente las tareas y metas de naturaleza espiritual.

32.VASARIAH,(RECUERDOS).Pronunciar:**RESH – SHIN – VAV** . El poder de la memoria surge dentro de mi conciencia. Las lecciones de vida están profundamente arraigadas en mi ser.

33.YEHUIAH, (REVELANDO EL LADO OSCURO). Pronunciar: **VAV – JET – YOD** La Luz brilla. Reconozco las fuerzas negativas que permanecen activas dentro de mí.

Mis impulsos reactivos no son más un misterio. Con el poder de este Nombre, ¡pasan a ser historia!

34. LEHAHAIAH, (OLVIDARSE DE SÍ MISMO). Pronunciar: **JET – HEI – LAMED** .
Trasciendo ahora los límites de mi propio ser. Me aferro al Árbol de la Vida. La felicidad me descubre ahora que el ego está fuera de mi atención. Puedo apartarme de mi propio camino, dejando ir toda terquedad.

35. KHAVAKIAH, (ENERGÍA). Pronunciar: **KUF – VAV – KAF** . Con este Nombre purifico mis deseos, de modo que puedo compartir amor y energía con mi compañera/o, satisfaciendo a cabalidad las necesidades de ambos. Enciendo la energía sexual de manera que mi pasión contribuye a elevar toda la existencia.

36. MENADEL, (SIN TEMOR). Pronunciar: **DALED – NUN – MEM** . Pronunciar: **DALED – NUN – MEM** . ¿De qué tengo miedo? Con este Nombre, el valor para conquistar mis temores despierta ahora dentro de mí. Confronto proactivamente mis miedos desde su origen, los arranco de raíz y los remuevo totalmente de mi ser.

37. ANIEL,(EL CUADRO COMPLETO). Pronunciar: **YOD – NUN – ALEF**. Este Nombre despierta mi conciencia acerca de los efectos a largo plazo de mis acciones. Adquiero la habilidad de captar los desafíos espirituales en cada momento, resolviéndolos sabiamente en su totalidad.

38. HAAMIAH,(SISTEMA DE CIRCUITOS). Pronunciar: **MEM – AYIN – JET**. Este Nombre me ayuda a recibir cuando comparto y a compartir cuando recibo. Puedo ver la oportunidad que me da el compartir y estoy consciente de que cuando recibo con la conciencia correcta, también estoy compartiendo. Este es el circuito de la vida. Cuando me conecto a él, entro en la Luz.

39. REHEAEL,(DIAMANTE EN BRUTO). Pronunciar: **AYIN – HEI – RESH**. Aquí y ahora consigo nada menos que la completa transformación de las situaciones negativas en oportunidades positivas y bendiciones. Llueve maná sobre mí. La vida comienza a tener el sabor de todo lo que mi alma desea o imagina.

40. YEIAZEL, (DICIENDO LAS PALABRAS CORRECTAS). Pronunciar: **ZAIN – YOD – YOD.** Silencio mi ego. Oprimo el botón de silencio. Ahora llamo a la Luz para que hable en mi nombre, en todas las ocasiones, para que cada palabra mía eleve mi alma y toda la existencia.

41. HAHEHEL, (AUTOESTIMA). Pronunciar: **HEI - HEI – HEI.** Con la energía divina de esta secuencia de letras, me conecto con el poder de los antiguos grandes sacerdotes del templo para sanar todas las áreas de mi vida.

42. MIKAEL, (REVELANDO LO OCULTO). Pronunciar: **KAF – YOD – MEM.** Origino la habilidad de atraer de ahora en adelante los poderes de observación para ver la verdad ¡y el coraje para afrontarla!

43.VEULIAH, (DESAFIANDO LA GRAVEDAD). Pronunciar: **LAMED - VAV - VAV.** Uso este Nombre para liberar el poder de la mente sobre la materia, del alma sobre el ego y de lo espiritual sobre lo físico.

Mi meta no es renunciar al mundo físico, sino eliminar su control sobre mí y convertirme en la/el verdadera/o capitán de mi propio destino. ¡Todo se vuelve posible!

44. YELAHIAH, (SUAVIZANDO JUICIOS). Pronunciar: **HEI – LAMED – YOD**. Por medio de la meditación sobre esta secuencia y con genuino arrepentimiento en mi corazón, puedo disminuir y hasta revocar juicios hechos sobre mí. Medito para ofrecer indulgencia y compasión a otros.

45. SEALIAH, (EL PODER DE LA PROSPERIDAD). Pronunciar: **LAMED – ALEF – SAMEG**. Reconozco que la Luz de Dios/Diosa es la fuente esencial de toda prosperidad y bienestar. Con este Nombre invoco a las fuerzas de la prosperidad y el sustento, y solicito la fortaleza para mantener mi ego bajo control cuando la prosperidad llega a mi vida.

46. ARIEL, (CERTEZA ABSOLUTA). Pronunciar: **YOD - RESH – AYIN**. Usando este Nombre, lleno mi corazón de ¡Certeza!, ¡Fe!, ¡Convicción!, ¡Seguridad! Y ¡Confianza!

47. ASALIAH,(TRANSFORMACION GLOBAL). Pronunciar: **LAMED – SHIN – AYIN**. Reflexiono sobre la verdad espiritual de que la paz en el mundo comienza con la paz en mi propio corazón. Con este Nombre, acelero mi propia transformación, intensificando las fuerzas de paz alrededor del mundo.

48. MIHAEL, (UNIDAD). Pronunciar: **HEI – YOD – MEM.** Con estas letras, supero la verdadera prueba de carácter espiritual: ahora puedo ver todos los aspectos de los problemas que se presentan ante mí. Mi enfoque se basa en la unidad y en el alma unificada.

49. VEHUEL, (FELICIDAD). Pronunciar: **VAV - HEI – VAV.** Tengo la fortaleza para amplificar y cumplir únicamente mis anhelos altruistas. Por medio de este Nombre pido lo que mi alma necesita, no lo que mi ego desea. Descubro una profunda apreciación por todo lo que la vida me entrega. Esto me produce felicidad en el sentido más profundo.

50. DANIEL, (LO SUFICIENTE NUNCA ES SUFICIENTE). Pronunciar: **YOD – NUN – DALET).** Mis ojos y mi corazón permanecen enfocados en la meta final. Despierto la perseverancia y la pasión para nunca, y esto significa nunca, conformarme con menos.

51. HASAHIAH, (SIN CULPA). Pronunciar: **SHIN – JET – HEI.** Pido a la Luz erradicar todas mis características negativas. La fuerza llamada arrepentimiento repara espiritualmente mis errores pasados y acrecienta la Luz de mi naturaleza.

52. IMAMIAH, (PASION). Pronunciar: **MEM – MEM – AYIN**. Este Nombre atiza el fuego de la pasión en mi corazón y en mi alma. Las letras me dan el poder para mantener la sinceridad, la devoción y una conciencia correcta en mis oraciones, meditaciones y conexiones espirituales.

53. NANAEL, (SIN AGENDA). Pronunciar: **ALEF - NUN – NUN**. Mis motivaciones de interés personal y "puntos del día" ocultos, dan paso a actos puros de amistad, amor incondicional y entrega. Cuando yo misma/o me aparto del camino, creo espacios para amistades amorosas y verdaderas, para el gozo y para la realización.

54. NITAEL, (LA MUERTE DE LA MUERTE). Pronunciar:**(TAV – YOD – NUN)**. Ahora concentro mi atención y medito con total convicción y certeza acerca de la absoluta desaparición del ángel de la muerte, ¡De una vez por todas!

55. MEBAHIAH. (DEL PENSAMIENTO A LA ACCIÓN). Pronunciar: **(HEI – BET – MEM)**. Reconecto y reúno los Mundos Superior e Inferior, a través del poder de este Nombre. Al unir estos dos reinos, encuentro fuerza y compromiso para lograr mis objetivos y realizar mis sueños. Mis pensamientos se convierten en realidad y mis mejores ideas se transforman en acción ¡y luego en resultados concretos!

56. POYEL, (DISIPANDO LA IRA). Pronunciar: **YOD – VAV – PE)**. Al invocar el poder de este Nombre, remuevo la fascinación y el poder de los 'ídolos' que controlan al mundo. La ira es purgada de mi corazón. Mi felicidad y paz mental son generadas desde mi interior.

57. NEMAMIAH, (ESCUCHANDO NUESTRA ALMA). Pronunciar: **MEM– MEM – NUN.** Escucho fuerte y claro los susurros de mi alma y de la divina asamblea de la Luz. Sé lo que tengo que hacer. Estoy dispuesta/o y preparada/o para hacer lo que sea necesario para lograrlo.

58. YEIALEL, (DEJANDO IR). Pronunciar:
LAMED - YOD - YOD. No soy más prisionera/o de mi pasado. Creo en los milagros y en un futuro gozoso. ¡Obtengo el valor para dejar ir! Lo dejo ir. Del todo. Punto.

59.HARAHEL,(CORDÓN UMBILICAL).Pronunciar:**JET – RESH – HEI.** Establezco ahora un cordón umbilical con la Energía Divina, asegurando así un constante resplandor tenue de Luz en mi vida, especialmente cuando me encuentre en la oscuridad.

60. **MITZRAEL,** (LIBERTAD). Pronunciar: **RESH – TZADIK – MEM.**Percibo el equilibrio y la armonía que llena toda la Creación, especialmente en los retos y pruebas que ahora debo enfrentar en la vida. Con el poder de este Nombre, obtengo la fortaleza necesaria para superar todas esas pruebas, ascender a niveles más elevados del ser, y ganar el gozo y la realización que acompañan a la verdadera transformación espiritual. ¡Rompo las cadenas del ego y adquiero libertad!

UMABEL,(AGUA). Pronunciar:**BET – MEM – VAV.** ¡Con este Nombre purifico los manantiales de la Tierra y despierto las fuerzas de sanación e inmortalidad!

62. **IAH-HEL,** (PADRES EDUCADORES, NO PREDICADORES). Pronunciar:**HEI – HEI – YOD.** Deseo compartir amorosa, respetuosa y abnegadamente esta sabiduría con los niños. El predicador en mí es silenciado. La/el maestra/o que vive en mí resplandece a través de todas mis acciones.

63.**ANAUEL,** (APRECIACION).PRONUNCIAR: **VAV– NUN – AYIN.** Apreciación. Agradecimiento. Gratitud. A través de este Nombre, estos nobles atributos de Moisés despiertan en mí. Impregnada/o con estos atributos, retengo y disfruto todas las bendiciones y tesoros en mi vida.

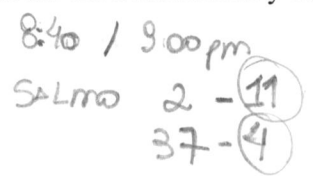

64. MEHIEL, (PROYECTÁNDOME BAJO UNA LUZ FAVORABLE). Pronunciar: **YOD - JET – MEM.** Mi propio ser se ilumina hermosamente, bañado con el esplendor de Dios/Diosa. Cada persona a mi alrededor ve los aspectos positivos y hermosos de mi verdadero ser.

65. DAMABIAH, (RESPETO A DIOS). Pronunciar: **BET – MEM – DALED**. Estoy consciente de la chispa divina presente en cada persona. Su verdadera esencia despierta en mi corazón. Me he hecho más prudente respecto a los caminos del mundo. Percibo las repercusiones de cada una de mis palabras y de cada uno de mis actos, y sé que el compartir con otros siempre me beneficia.

66. MENAKEL, (RESPONSABILIDAD).
Pronunciar: **KOF - NUN – MEM**. Con estas letras, reemplazo la mentalidad de víctima con la comprensión de que soy el/la creador/a de mis propias circunstancias. Y sé que puedo cambiar lo que he creado. De esta manera, ¡todo está cambiando ahora!

67. EYAEL, (GRANDES EXPECTATIVAS). Pronunciar: **AYIN – YOD – ALEF**. Meditando sobre este Nombre, establezco el control sobre el poder del tiempo en mi vida. En lugar de demandar constantemente más del mañana, aprecio lo que tengo y lo que soy ahora mismo. ¡Mismas grandes expectativas son satisfechas en este instante!

68. HABUIAH, (CONTACTANDO A ALMAS QUE PARTIERON). Pronunciar: **VAV – BET – JET**. Evoco la memoria de quienes amo y han partido. Los veo rodeados con la Luz de este Nombre. Medito para elevar sus almas a niveles cada vez más altos en los mundos espirituales. Estoy dispuesta/o a recibir su guía y apoyo.

69. REOHAEL, (PERDIDO Y ENCONTRADO). Pronunciar: **HEI – ALEF – RESH**. Con este Nombre como brújula, la senda hacia mi hogar espiritual es iluminada. Recupero mi rumbo. Con cada paso que doy, a cada momento, siento comodidad, confianza y un fuerte sentido de dirección.

70. YABAMIAH, (RECONOCIENDO LA FINALIDAD BAJO EL DESORDEN). Pronunciar: **MEM – BET – YOD**. Cuando estoy siendo dominada/o por sentimientos de duda, estas letras revelan el orden que subyace bajo el caos. Soy iluminada/o y comprendo cómo el plan maestro de Dios/Diosa se relaciona con mi propósito en este mundo y con los problemas que enfrento.

71. HAYAYEL, (PROFECÍA Y UNIVERSOS PARALELOS). Pronunciar: **YOD – YOD – HEI**. Se me ha concedido el poder de la profecía. Con la conciencia elevada y mi conocimiento aumentado, tengo el poder para entrar a un nuevo universo de transformación y de Luz.

72. MUMIAH, (PURIFICACIÓN ESPIRITUAL). Pronunciar: **MEM - VAV - MEM**. Por medio de la meditación en estas letras, oprimo el "retroceder" y "borrar" de mi video espiritual. Soy purificada/o en mi vida presente al corregir las transgresiones de mis vidas pasadas. Puedo también usar este Nombre para purificar mi entorno físico.

Capitulo 5-Trabar con el Péndulo Hebreo y los 72 nombres de Dios.

Bien querido lector, ahora te mostrare una poderosa herramienta que llevo años utilizando y que te será útil para trabajar con los 72 nombres de Dios, el Péndulo Hebreo. Aunque es cierto que con el método que te di paginas atrás de buscarlo con el dedo y tu intuición es suficiente, también es verdad que para mi como método de diagnostico y como forma de aplicar los 72 nombres de Dios, es la mejor.

Lo primero, por supuesto debes hacerte con un péndulo hebreo, el cual es fácil de encontrar en Ebay, Amazon o tiendas esotéricas. Una vez que lo tengas, te pido que leas este sencillo "minicurso" del péndulo Hebreo que te regalo en las paginas siguientes, ya que ademas de ayudarte a trabajar con los 72 nombres de Dios, como herramienta de diagnostico y sanación te será de gran utilidad. Y una vez que lo hayas leído, deberás coger un papel blanco y escribir con buena letra y rotulador negro los nombres de Dios que necesites, y poner la zona rayada hacia abajo.

Una vez que la tengas puesta en el péndulo, cierra los ojos y repite el nombre, de derecha a izquierda, y a la vez gira el péndulo con fuerza en dirección a las agujas del reloj, poniéndolo sobre tus siete chakras, comenzando por el uno, en los genitales, y terminado en el siete, chakra corona.

Si deseas sanar a alguien a distancia, primero pídele permiso, y después coge su foto y pon el péndulo hebreo con la etiqueta que el paciente necesite, y gira con fuerza el péndulo en dirección a las agujas del reloj, a la vez que repites 45 veces o siete veces, según lo sientas, el o los nombres de Dios que necesite el paciente.

INTRODUCCIÓN AL PÉNDULO HEBREO

El péndulo hebreo es el segundo péndulo en la antigüedad que se conoce. El primero es el que utilizaban los templarios. Su origen es incierto, aunque algunas informaciones sostienen que procede de los antiguos cabalistas herméticos, cuyo conocimiento se transmitía y se transmite aún de forma oral, mientras que otros dicen que fue un miembro de la asociación de sanadores de Francia, el radiestesista francés Pierre Heli, el que lo descubrió a comienzo del siglo pasado.

El péndulo es cilíndrico con medidas de 5 a 7 cm de alto / 3 cm de diámetro, y está perforado en el centro por donde pasa una cuerda de 13 o 14 cm de longitud, que puede ser de algodón blanco o cuero oscuro, que permite invertir la posición del péndulo. El péndulo hebreo está hecho de madera de nogal, que es un árbol sagrado.

La nuez representa al cerebro humano con sus dos hemisferios. Así, algunos terapeutas llevan en su bolsillo una nuez como protección.

APLICACIONES

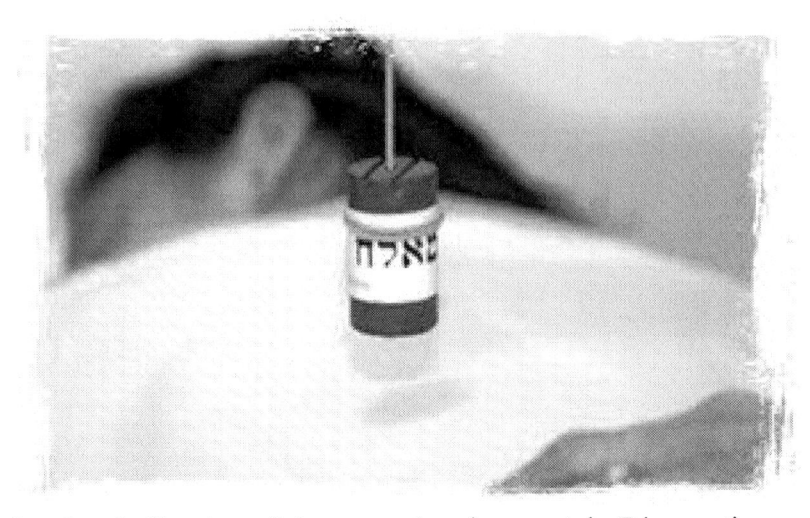

Ayuda a la limpieza física, emocional y mental. Diagnostica y limpia el campo áurico de miasmas (Información de futuras enfermedades) y de parásitos energéticos. Limpia energías negativas que nos pueda llegar de otras personas. Alinea las chacras y fortalece el campo áurico. Libera los bloqueos de energía que pudiera haber en el sistema energético del cuerpo. Corta la magia psíquica y la magia ritual. Ayuda a cortar pactos inconscientes (cordones energéticos, consentimientos) que podamos tener con personas. Ayuda a la desintoxicación y eliminación de adicciones. Ayuda a eliminar miedos. Afirma la autoestima y la autoconfianza. Activa nuestra fuerza interior y ayuda a que conectemos con nuestra alegría y nuestra paz interior.

PASOS A DAR ANTES DE EMPEZAR A UTILIZAR EL PÉNDULO

El péndulo es un instrumento de radiestesia que funciona como una extensión del radiestesista. Por ello, es necesario "personalizar" el péndulo, tomándolo entre las manos, dándole la bienvenida, abriéndole la mente y el corazón, y decretando que todo el trabajo que se haga con él, será un trabajo desde la luz y para la sanación. El péndulo hebreo no se tiene que lavar, ni enterrar, ni exponerlo al sol o a los rayos lunares, como lo requeriría un péndulo tradicional de cuarzo. Antes de iniciar y al acabar cualquier sesión, se debe agradecer al péndulo el servicio que prestó y tratarlo siempre con respeto pues es un instrumento que trabaja con la energía del universo.

FUNCIONAMIENTO DEL PÉNDULO

El péndulo es bipolar y se presta para dos funciones distintas: Una para diagnóstico y como dispositivo de radiestesia, para lo que se utiliza la parte lisa, y otra para irradiar, (emisión de onda), y realizar terapia, usándolo como elemento de radiónica, para lo que se utiliza la parte estriada con dos ranuras.

El péndulo siempre se utiliza con una etiqueta con palabras en arameo/hebreo adherida mediante una banda elástica, y funciona por emisión de onda. Desde hace tiempo se conoce la influencia de las ondas de formas sobre nuestro estado vital.

Recordando la frase del "Kybalión" "todo vibra, todo es vibración", entendemos por qué algunos de los objetos que nos rodean pueden provocarnos dolor de cabeza, y otros influirnos positivamente.

La forma cilíndrica que posee el péndulo permite trabajar con comodidad, facilitando la colocación de la etiqueta con la palabra en arameo/hebreo antiguo, que indicará lo que queremos que detecte, o el tipo de terapia que queremos realizar. El péndulo se utiliza con un idioma sagrado denominado "ideográfico".

Existen dos tipos de idiomas: los "solares" o "ideográficos" que son capaces de nombrar y crear realidades, y los lunares que solo pueden describirlas. Ejemplos de idiomas ideográficos son: el sánscrito, el chino mandarín, el árabe, el quechua y el hebreo.

Así, los idiomas ideográficos describen la realidad y representan una idea a través de un dibujo o símbolo (que en griego significa "lo que une"), de tal forma que el contenido y la explicación del significado están juntos en el símbolo.

Por ejemplo, en chino la palabra MORAL se representa con varios ideogramas cuyo significado es "caminar solo como si diez ojos te estuvieran mirando". Cuando un chino mira este ideograma sabe el significado auténtico de la palabra MORAL, mientras que en nuestro idioma u otro que sea lunar, para que una persona sepa lo que significa la palabra MORAL, tiene que ir a un diccionario.

El péndulo se utiliza con la parte lisa hacia abajo para hacer diagnóstico según las etiquetas que lleve, y con la parte estriada hacia abajo, cuando es para irradiar y realizar terapia. Este péndulo y el egipcio, son los dos péndulos radiónicos más importantes que permiten realizar terapia.

El péndulo hebreo se diferencia del egipcio en que el primero genera sus energías en base a la forma de ondas de las palabras que aparecen en las etiquetas que se le adhieren, y por el contrario, el péndulo egipcio genera su energía por la propia forma que posee.

El movimiento giratorio del péndulo hebreo irradia la energía de la palabra, y cuando se la energía mueve se produce un efecto. Funciona en base a la ley del universo: lo semejante atrae a lo semejante. Las letras hebreas funcionan como un diapasón.

INICIO DE LA TÉCNICA: PROTECCIÓN

Previo a comenzar el trabajo con el péndulo, es aconsejable proceder a la protección del lugar y del terapeuta. Recordemos que estaremos trabajando con energías muy sutiles, por lo cual debemos extremar los cuidados para no contaminarnos y/o contaminar con energías no deseadas. Nunca debemos creer que somos creadores de energías y menos para la sanación, tarea ésta reservada únicamente al Creador. Como terapeutas energéticos, debemos tener muy claro que sólo somos un canal de transferencia de la energía proveniente del cielo o de la madre tierra. Antes de iniciar las técnicas de protección, se sugiere:

-encender incienso. Ambientar con luz tenue y música de relajación.

Métodos de protección

En general cualquier método de protección puede ser válido para ser utilizado con el péndulo hebreo: oración, simbología Reiki, cabalística, visualización, concentración, sensibilización, etc.

A modo de ejemplo, se enumeran los siguientes: Campana de protección energética. Cruz Cabalística. Estrella de David.

Campana de Protección Energética

Realizamos primero una limpieza de nuestra estructura energética, utilizando para ello la fuerza de nuestros pensamientos, o los símbolos de Reiki si fuéramos practicantes. Imaginamos ahora, que estamos dentro de una campana de luz de color violeta en su parte exterior y de color dorado en el interior. Para finalizar, pedimos a los guías dueños del lugar y maestros espirituales encarnados, para que nos acompañen y asistan durante la sesión de péndulo hebreo; y que la campana nos proteja de lo negativo.

Cruz Cabalística

Realizamos la cruz cabalística, cuyos movimientos son similares a la cruz cristiana, pero con el propósito de crear un espacio sagrado que logre penetrar en otras dimensiones.

PROCESO: De frente, mirando hacia el punto cardinal Este: 1) Tocando la frente se prenuncia la palabra ATEH (Tú eres). 2) Tocando la parte inferior del estómago se pronuncia MALKUTH (El Reino). 3) Tocando el hombro derecho se pronuncia VE-GEDURAH (El Poder). 4) Tocando el hombro izquierdo se pronuncia VE-GEDULAH (La Gloria). 5) Con las manos en posición de oración y colocándolas a la altura del pecho se dice: LE-OLAN (por todos los tiempos, sin fin).

Se entrecruzan los dedos y se dice: AMEN . Al hacer la cruz cabalística nos imaginamos la energía universal representada por una luz blanca que baja y forma una cruz brillante en nuestro cuerpo, y al hacerlo regenera cada célula a través del poder regenerativo de la vibración divina. Si se desea se puede potenciar esta protección como sigue:

Repetimos la misma cruz en los otros tres restantes puntos cardinales, girando siempre hacía la derecha, o sea Sur, Oeste, Norte y terminado en el Este donde se repetirá de nuevo la cruz por quinta vez.

A continuación decimos: Delante de mí, está San Rafael; detrás de mí, está San Gabriel; a mi derecha, está San Miguel; a mi izquierda, está San Uriel y por encima de mí, la Divina Presencia de Dios.

Este ritual elimina las influencias negativas que existan en nuestro entorno y acerca al terapeuta a las influencias protectoras de las cuatro fuerzas angelicales, a las cuales se les ruega que intercedan para asistirnos en la sesión.

Estrella de David

El sello de Salomón o Estrella de David es un poderoso y antiguo ritual, que trae suerte y protección, aumentando nuestra sensibilidad e intuición. PROCESO: 1) Visualizamos una línea de luz roja que entra por la derecha, atraviesa las piernas a la altura de los muslos y sale por la izquierda. 2) Construimos mentalmente ahora un triángulo rojo desde la línea anterior, con la punta señalando hacia arriba, y llegando por encima de nuestro chacra corona.

Meditamos sobre esta imagen, que representa la fuerza masculina y está asociada con la lógica y la fuerza. Cuando la imagen de este triángulo esté muy fuerte en nuestra mente, visualizamos otro triángulo, esta vez con la punta hacia abajo y de color azul, que surge por encima de nuestro chacra corona cruzando el triángulo anterior. Este triángulo representa la energía femenina y se asocia con la sensibilidad, la diplomacia y la intuición. Visualizamos los dos triángulos (rojo y azul) fusionándose y formando el sello de Salomón. Abrimos los brazos e imaginamos que el sello penetra por el centro del pecho, llegando al corazón. Nos quedamos con los brazos abiertos por unos minutos y agradecemos la protección de los ángeles y los arcángeles. Repetimos seis veces la palabra Shalom (que significa "paz") e imaginamos que nuestro corazón se expande en una gran manifestación de amor.

PASOS A SEGUIR DURANTE UN TRATAMIENTO

Los pasos más significativos a la hora de realizar un tratamiento, a otros o a nosotros mismos, son los siguientes: Despojarse de metales y otros objetos que puedan interrumpir el flujo de la energía. Lavarse las manos. Centrarnos, protegernos y cargarnos de energía.

Pedir a nuestros maestros o guías espirituales que nos acompañen y nos guíen durante todo el proceso. Realizar el tratamiento completo. Al terminar la sesión, decimos mentalmente: "La sanación está realizada." Luego agradecemos la presencia de nuestros ángeles o guías espirituales y nos lavamos las manos otra vez.

TRATAMIENTO CON EL PÉNDULO

El péndulo hebreo tiene un doble uso, que se consigue moviendo la cuerda a uno u otro lado: Colocando la parte lisa hacia abajo se puede utilizar: para preguntar a nuestro Yo Superior, o bien, colocándole la etiqueta correspondiente según las necesidades del paciente, para testar energías negativas adheridas en el aura y también para diagnosticar, por ejemplo, el estado de un órgano.

Para testar, se deja al péndulo que se mueva por sí mismo. El péndulo muestra que ha detectado algo cuando se pone a girar hacia la derecha o hacia la izquierda. Por el contrario, si colocamos las dos rayas hacia abajo se convertirá en un péndulo emisor que nos permitirá realizar tratamientos, irradiando las ondas de forma de la palabra de la etiqueta que hayamos colocado en el mismo.

El tratamiento con el péndulo, estando la persona recostada boca arriba, se realiza haciendo girar el péndulo con la etiqueta a utilizar en sentido de las agujas del reloj, sobre su plexo solar o sobre el órgano que queramos tratar.

Al hacer girar el péndulo en sentido horario estamos irradiendo la onda forma de la palabra que la persona necesita. El tiempo de irradiación es aleatorio, (lo que el terapeuta sienta) pero entre 1 y 5 minutos suele ser suficiente.

Cuando hacemos un tratamiento con el péndulo, éste busca el estado perfecto. Con el péndulo hebreo podemos realizar diferentes tipos de tratamientos: Alineado y potenciación de chacras . Desbloqueo y armonización de diferentes patologías: o eliminación de larvas magnéticas o eliminación de magias rituales, maldiciones y diferentes tipos de energías negativas.

Cicatrizar grietas o fisuras en los campos electromagnéticos Limpieza y armonización de espacios, chequeo de geopatías. Tratamiento de órganos. Potenciación de energías positivas y crecimiento personal . Antes de empezar y en cada cambio de etiqueta, limpiaremos el péndulo golpeándolo ligeramente tres veces contra una madera.

Una sesión completa suele durar entre 45 minutos y poco más de una hora, según el grado de alteración que presente el consultante. Salvo en casos excepcionales, solo se requiere una sesión de "mantenimiento" aproximadamente cada dos meses.

Tratamiento de "alineado y potenciación de chacras"

Comenzamos el trabajo desde el chacra raíz, colocando en el péndulo la etiqueta correspondiente y la parte lisa del péndulo hacia el paciente, y haciéndolo girar en sentido horario durante un minuto aproximadamente. Lo utilizamos de esta forma para que la energía irradiada por la parte con ranuras llegue mejor a todas las capas del aura.

Quitamos la etiqueta, limpiamos el péndulo golpeándole tres veces sobre madera y repetimos el proceso en el siguiente chacra, y así sucesivamente hasta llegar al chacra corona.

Una vez alineados los 7 chacras procedemos a potenciar los mismos irradiando con las etiquetas de los colores correspondientes. ROJO: primer chacra. Es un color estimulante y cálido que energiza el chacra base y potencia la fuerza física. Órganos del cuerpo asociados: Glándulas suprarrenales, vejiga, genitales, columna vertebral, caderas. El chacra raíz actúa en nuestra voluntad de vivir, supervivencia, poder, seguridad, trabajo, hogar, sentido de la pertenencia, confianza, respuesta de "huir o pelear" Cuando funciona bien, indica una buena conexión con lo terrenal: "tener los pies en tierra": · Nos sentimos a gusto en la sociedad y seguros en nuestra casa · Notamos que tenemos capacidad para hacernos valer, defendernos y para satisfacer todas nuestras necesidades materiales.

NARANJA: Segundo chacra o Es el color de la alegría y de la prudencia o Está asociado con los riñones, glándulas adrenales, intestino bajo y órganos reproductivos. Actúa en la vitalidad, la alegría de vivir, emociones, capacidad de sentir placer, creatividad, sexualidad. Aquí radica nuestra fuerza para afrontar la vida. o Cuando funciona bien el chacra: nos proporciona muchas "ganas de vivir". Tenemos una sexualidad libre de tabúes y una gran capacidad creativa.

AMARILLO: Tercer chacra del plexo solar. Se asocia con el estómago, hígado, páncreas, bazo, vesícula biliar o Está relacionado con la fuerza de voluntad, la determinación y la asertividad con la que interactuamos con el mundo que nos rodea. Cuando funciona bien: nos relacionamos con facilidad con la gente y nuestro entorno .

Liberamos adecuadamente las emociones negativas que nos surjan como el miedo, la rabia, la envidia... etc. Somos auténticos, y actuamos con una autoestima sana con desapego de la gente y las cosas.

(4) VERDE: Cuarto chacra. Se asocia con el corazón, el sistema circulatorio, los pulmones, la glándula del timo y el sistema inmune-defensivo. Se asocia con la capacidad de dar y recibir amor, la amabilidad, el perdón y el amor a nosotros mismos. Cuando está en equilibrio somos capaces de tener: amor incondicional sin esperar nada a cambio, empatía, compasión, lealtad y humildad con todo el mundo, mentalidad abierta y sociable, con entrega desinteresada sin expectativas.

(3) AZUL: Quinto chacra. Es un color de calma y relax. Está relacionado con la boca, garganta y glándula tiroidea. Está asociado con la capacidad de comunicación mediante la palabra y la escritura. Cuando está sano, somos capaces de expresar sin tapujos lo que pensamos y lo que sentimos sin herir.

(2) ÍNDIGO: Sexto chacra o Este color y los azulados dinamizan la interacción de los niveles físicos y espirituales. Asociado a los oídos, nariz, ojos, glándula pituitaria, parte baja del cerebro e hipotálamo. Está relacionado con las capacidades extrasensoriales: clarividencia, intuición e imaginación. Desde el plano espiritual, se le relaciona con la comprensión del camino de la plenitud y los compromisos en la vida. Cuando está en equilibrio tenemos: conocimiento de nosotros mismos e intuición, funcionamiento óptimo de nuestro lado femenino.

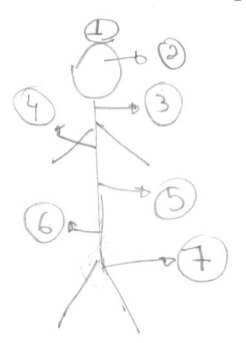

BLANCO Y VIOLETA: Séptimo chacra. El séptimo chacra está relacionado con el cerebro y las glándulas pituitaria y pineal. Se asocia con el conocimiento, la comprensión y el entendimiento. Su elemento es el pensamiento que guarda la información. Cuando está en pleno funcionamiento: Tenemos un sentido de conexión con todo lo que nos rodea y con la Fuente.

Sentimos plenamente nuestra espiritualidad y nuestro "verdadero yo". Rebosamos de vitalidad y energía divina. A continuación, irradiamos con la etiqueta de "Fortalecer el aura" de los pies hacia la cabeza, formando infinitos con el péndulo como si estuviéramos cosiendo el aura.

Repetimos este paso tres veces por la parte frontal, y si lo consideráramos necesario, otras tres veces por la espalda. Podemos terminar el proceso aquí, o continuar con un baño de fuerza, para lo que irradiaríamos con una o varias de las etiquetas de "crecimiento personal", según lo sintamos.

Para ello, haríamos girar el péndulo en sentido horario por el aura del paciente, desde los pies hasta la corona, tres veces cada una de las etiquetas elegidas.

Diagnóstico y tratamiento de morbosidades energéticas

Miasmas. A menudo, atraemos morbosidades energéticas hacia nosotros por vibrar en una frecuencia errónea. Miasma en la mitología griega significa "contaminación" y nos indica la predisposición genética del paciente a padecer una enfermedad concreta.

Existen varios miasmas que predisponen a un individuo a enfermar y que tienen su origen en las primeras enfermedades sufridas por la humanidad. Es como una memoria de las grandes enfermedades en cada una de nuestras células. Todos tenemos en nuestra memoria celular información de todos los miasmas.

Pero de forma individual, por carga genética, en cada uno de nosotros sobresale uno o dos miasmas por encima de los demás, y aunque puedan permanecer latentes, nos predisponen a padecer determinadas enfermedades.

Los miasmas fundamentales son tres: La psora (psórico), fase aguda y subaguda de la enfermedad. La psicosis (psicótico), fase crónica de la enfermedad. La luesis (luético), fase degenerativa de la enfermedad.

Magia

La magia es una interferencia de orden psíquico: mal de ojo, magia ritual, envidias. Hay dos tipos de magia: Continua. Es el psiquismo que se emite continuamente. Esta magia psíquica es tan grave como la ritual. En esta clase ubicamos a las etiquetas de Magia y Mal de Ojo.

El cerebro expande una frecuencia de onda que uno emite y otro capta. Por lo general cuando se trata de este tipo de magia se ven afectados los chacras cardíaco, de la garganta, del tercer ojo y el corona. Este tipo de magia es grave porque: Es continua. La persona que lo emite lo hace desde el consciente y el inconsciente, creando un cordón y un compromiso energético entre el que emite y el que recibe.

Ritual y Mal de Ojo

Son trabajos que alguien ha encargado para dañar a otro. En estos casos siempre se utiliza un vehículo, algo concreto para atacar a la víctima. Hay diferentes grados de compromiso energético. Esto estará determinado entre otras por la intensidad del daño, por la cronicidad y por la intencionalidad.

Sea cual fuere la causa, hay un permiso inconsciente, un poder otorgado al agresor que permite que llegue al oprimido. A esto se le llama "Pacto". Pudiera ser que se hubiera contraído en otra vida. Ejemplo de esta magia son las famosas promesas como "Te voy a amar para toda la vida".

En general, cuando realicemos la detección, entenderemos por magia cualquier ataque psíquico o influencia parapsicológica negativa o destructora que ejerce una persona sobre otra. Este ataque puede ser efectuado por el individuo consciente o inconscientemente.

Reencarnación

Se investiga la reencarnación cuando existe una enfermedad degenerativa y se considera que el problema de la persona pudiera venir de una vida anterior.

Larvas astrales

Las larvas son parásitos energéticos que se adhieren a nuestro cuerpo áurico alimentándose de su energía. Si consiguen introducirse en el campo físico de algún órgano, pueden privarlo de su energía normal y llevarlo hasta la enfermedad. Esta pérdida de energía se manifiesta cuando, por ejemplo, aparece una sensación inexplicable: sensación desagradable de peso en el pecho como si alguien se echase encima. o Disminución de la capacidad de trabajo. Agravamiento del estado personal

Ataques inexplicables y enfermedades misteriosas

Una enfermedad concreta de este tipo es la llamada "síndrome de cansancio crónico". Las larvas pueden originarse también por la energía liberada de personas desencarnadas. Esta energía por simpatía busca la satisfacción de diversos instintos, generados por adicciones o sentimientos negativos que se concibieron cuando el fallecido estaba vivo.

Por ejemplo, si el individuo en vida fue drogadicto, esta energía va a vagar en busca de una persona con la misma adicción. Si no encontrara de quien prenderse, se haría poco a poco más débil hasta que finalmente fuera absorbida por la energía del universo. Cada tipo de defecto atrae diferentes tipos de larvas, buscando aquellas que están en su misma sintonía.

Diagnóstico de morbosidades energéticas

Estando el paciente boca arriba, se comienza detectando miasmas, y a continuación magia, mal de ojo, reencarnación y larvas según proceda: Detección de miasmas. Los miasmas pudieran producir una enfermedad según el siguiente progreso: 1. Desde la periferia al centro. 2. De lo superficial a áreas más profundas. 3. Desde el órgano menos vital al más vital. 4. Desde el síntoma característico al síntoma común. 5. Desde el síntoma subjetivo al objetivo.

La curación ocurre en el orden inverso. La verdadera curación implica finalmente un alineamiento, con la mente gobernada por el espíritu, de la inteligencia biológica y el complejo emoción-deseo.

La progresión de la enfermedad en un individuo se debe a dos causas principales: Factores ambientales físicos (sol, energía lunar, radiación, etc.), productos químicos, (drogas, metales, tóxicos, etc.), y biológicos, (bacterias, hongos, vacunaciones, etc.).

Factores emocionales y espirituales, el camino que elige el alma para aprender. Estos miasmas son los que tiene que ver con nuestro aprendizaje.

Para detectar miasma se toma el péndulo y se le coloca la etiqueta correspondiente, sosteniéndola alrededor con una banda elástica, tratando de no cubrir las letras en hebreo para no cortar con la energía de forma.

Estando el paciente boca arriba, se coloca la parte lisa hacia el paciente y se van testando los chacras uno por uno en orden ascendente, empezando por el raíz.

En cada uno de los chacras colocamos el péndulo aproximadamente a un palmo de distancia, lo dejamos quieto o le damos un impulso para que balancee , y lo vamos elevando despacio contando mentalmente del 1 al 7, que corresponden a las diferentes capas del aura. La primera capa tiene que ver con una con una afección sanguínea. En este caso, el miasma afecta a un órgano del sistema. La segunda capa tiene que ver con el sistema nervioso central.

La tercera capa se relaciona al sistema endocrino. La cuarta capa guarda relación con el sistema nervioso vegetativo. Estas cuatro primeras capas, son las que están más cerca del cuerpo físico y se relacionan con la bioenergética en cuanto a su influencia funcional, es decir afecta a la función orgánica del cuerpo físico.

Las capas 5, 6 y 7 son magnéticas, y afectan a la bioenergética psíquica. Aquí se fija el psiquismo que puede ser propio o inducido. Lo que se mide de la primera a la cuarta capa tiene que ver con la parte física y emocional, y lo que se mide de la quinta a la séptima tiene que ver con los cuerpos astrales.

En los chacras corona y raíz, el chequeo en las capas tiene que hacerse verticalmente como se ha descrito antes, pero también horizontalmente entendiendo cómo es la estructura de las capas del aura que envuelve al individuo.

Si en alguno de los chacras, y en una capa determinada, el péndulo se pone a girar en sentido horario o anti horario, quiere decir que existe algún tema a trabajar. En este momento, debemos anotar el chacra y la capa donde hayamos encontrado la anomalía.

Al encontrar una o varias anomalías con la etiqueta "miasma", debemos testar qué tipo de miasma según el mismo procedimiento anterior, utilizando para ello el resto de la etiquetas.

Una vez localizado el miasma, tendremos en cuenta lo siguiente: Miasma en el 1º chacra: Buscaremos mal de ojo y larva.

Miasma en el 7º chacra: Buscaremos magia ritual, reencarnación y larva. Si encontramos, por ejemplo, miasma en la capa 3 de un chacra. El mismo miasma se extiende siempre a las capas superiores, que significa que las capas 4, 5, 6 y 7 también se ven afectadas.

Si se detectan miasmas en los chacras 4 y 6 y en las mismas capas, quiere decir que puede haber larvas. Cada vez que se cambie de etiqueta, se debe descargar el péndulo golpeándolo ligeramente sobre una superficie de madera. Si no encontramos nada por la parte frontal de la persona, y ésta tiene manifestada algún tipo de enfermedad, le pediremos que se dé la vuelta, y realizaremos la misma operación por la espalda.

Cuando hay un miasma en las capas cuatro o cinco, se pide al paciente que regrese a la semana siguiente para una segunda terapia.

Si el miasma estuviera en la capa tres o inferior, el paciente debe volver en esa misma semana. Detección de magia, magia ritual, mal de ojo, reencarnación.

El procedimiento consiste en colocar la etiqueta correspondiente con la parte lisa (o ranurada según escuelas) del péndulo hacia abajo, y desarrollar la detección chequeando cada uno de los chacras en todas sus capas, desde el chacra raíz al corona.

Detección de larvas

Cuando sospechemos la existencia de larvas, colocaremos la etiqueta "larva astral" con la parte lisa o ranurada hacia el paciente, y chequearemos los chacras uno a uno, desde el raíz y al corona y en las siete capas. Así, descubriremos a qué chacras afecta la larva y con ello, qué órganos o sistemas pudiera estar debilitando.

Tratamiento de "limpieza de miasmas"

Si encontramos algún tipo de miasma, desarrollaremos el trabajo de limpieza de la siguiente forma: 1) Apertura del aura: Colocamos en el péndulo la etiqueta de "abrir y cerrar proceso", y con la parte lisa hacia el paciente, irradiamos desde la cabeza a los pies en sentido anti horario una sola vez.

Esto nos permite abrir el campo áurico para poder trabajar con más profundidad. 2) Ahora podríamos seguir tres métodos diferentes: Utilización de filtros resonadores. Utilización de algodones naturales, impregnados con unas gotas de la esencia elegida. Utilización del propio péndulo. Utilización de filtros resonadores .

3) El miasma se limpia haciendo pasar el FILTRO DE MUÉRDAGO, chacra por chacra y en todas las capas, con movimientos ascendentes en espiral en sentido anti horario hasta llegar a la capa siete. Luego se vuelve a bajar repitiendo el mismo movimiento. Los chacras raíz y corona se limpian en L, es decir, primero en forma horizontal y luego en forma vertical.

4) Antes de finalizar el proceso, volveremos a colocar la etiqueta "miasma", o la etiqueta del miasma testado, con la parte lisa o ranurada del péndulo de nuevo hacia abajo, para comprobar si se ha limpiado todo. Testamos nuevamente no sólo donde encontramos la anomalía, sino chacra por chacra y en todas sus capas para asegurarnos de la limpieza.

5) Cierre del aura: Para terminar, colocamos de nuevo en el péndulo la etiqueta de "abrir y cerrar proceso", haciéndolo girar en sentido horario de los pies a la corona tres veces. 6) Una vez todo en orden, antes de finalizar, y si sentimos que debemos hacerlo, podemos irradiar las etiquetas de los siete colores y todas aquellas que sintamos necesarias de "crecimiento personal". Éstas siempre en sentido horario y tres veces cada una, desde los pies a la cabeza. 7) Y por último, con la etiqueta de "fortalecer el aura" vamos formando infinitos de los pies a la corona, también tres veces.

Utilización de algodones naturales, impregnados con unas gotas de la esencia elegida.

Si no dispusiéramos de filtros resonadores, se pueden utilizar algodones naturales impregnados con unas gotas de la esencia de muérdago (es una esencia floral del mediterráneo que puede encontrarse fácilmente en el mercado) siguiendo el mismo procedimiento que para el filtro resonador.

Utilización del propio péndulo

Pasamos la etiqueta "limpiar el cuerpo y el lugar que se habita", con la parte ranurada o lisa hacia el paciente, en sentido anti horario, del chacra raíz al corona, las veces que sean necesarias hasta conseguir tres pasadas seguidas sin que se atasque el péndulo. A continuación, trabajaremos con las etiquetas "desgravar miasmas" de la siguiente forma: colocamos la primera etiqueta con la parte lisa del péndulo hacia el paciente, haciéndolo girar desde el chacra raíz al corona, en sentido anti horario, tres veces.

Si se atascara el péndulo, hemos de repetir el proceso hasta conseguir tres pasadas limpias antes de cambiar de etiqueta. Procederemos de la misma forma con la segunda y la tercera etiqueta.

Las etiquetas cuarta, quinta y sexta las irradiaremos en sentido horario. La explicación de lo dicho es que con las etiquetas 1ª, 2ª y 3ª estamos limpiando, es decir, sacando negatividad, por lo que el sentido es anti horario; y con las etiquetas 4ª, 5ª y 6ª estamos irradiando, es decir, creando pautas y conceptos positivos, por lo que el sentido de giro debe ser horario.

Antes de finalizar el proceso, volveremos a colocar la etiqueta "miasma", o la etiqueta del miasma testado, con la parte lisa o ranurada del péndulo de nuevo hacia abajo, para comprobar si se ha limpiado todo.

Testamos nuevamente no sólo donde encontramos la anomalía, sino chacra por chacra y en todas sus capas para asegurarnos de la limpieza.

Cierre del aura

Para terminar, colocamos de nuevo en el péndulo la etiqueta de "abrir y cerrar proceso", haciéndolo girar en sentido horario de los pies a la corona tres veces. Antes de finalizar, y si sentimos que debemos hacerlo, podemos irradiar las etiquetas de los siete colores y todas aquellas de "crecimiento personal" que pensemos puedan ayudar.

Estos tratamientos los haremos siempre en sentido horario y tres veces cada uno, desde los pies a la cabeza. Y por último, con la etiqueta de "fortalecer el aura" vamos formando infinitos de los pies a la corona, también tres veces.

Tratamiento de "magia ritual"

En caso de haberse detectado una magia, magia ritual o bien mal de ojo, con el aura abierta, procederemos de la siguiente forma siguiendo cualquiera de los tres procedimientos antes descritos: Utilización de filtros resonadores.

Las magias, el mal de ojo y las reencarnaciones se limpian haciendo pasar el FILTRO DE MUÉRDAGO, chacra por chacra y en todas las capas, con movimientos ascendentes en espiral en sentido anti horario hasta llegar a la capa siete. Luego se vuelve a bajar repitiendo el mismo movimiento.

Los chacras raíz y corona se limpian en L, es decir, primero en forma horizontal y luego en forma vertical. Volveremos a colocar la etiqueta de diagnóstico "magia, magia ritual, mal de ojo o encarnación", con la parte lisa o ranurada del péndulo de nuevo hacia abajo, para comprobar si se ha limpiado todo.

Testamos nuevamente no sólo donde encontramos la anomalía, sino chacra por chacra y en todas sus capas para asegurarnos de la limpieza. Irradiamos la etiqueta "**redentor de YHWH**".

Cerramos el proceso como se ha descrito anteriormente. Para finalizar, procederemos igual que en tratamientos anteriores, irradiando las etiquetas de crecimiento personal que sintamos necesarias. Utilización de algodones naturales, impregnados con unas gotas de la esencia elegida.

Si no dispusiéramos de filtros resonadores, se pueden utilizar algodones naturales impregnados con unas gotas de la esencia de muérdago (es una esencia floral del mediterráneo que puede encontrarse fácilmente en el mercado) siguiendo el mismo procedimiento que para el filtro resonador.

Utilización del propio péndulo

Colocamos en el péndulo las etiquetas de "magia ritual" según el orden que llevan, con la parte ranurada hacia el paciente. La primera y segunda etiqueta se irradiarán en sentido anti horario tres veces en cada uno de los chacras en todas sus capas, de los pies al chacra corona. Si el péndulo se atasca, repetiremos el proceso hasta conseguir tres pasadas limpias.

La tercera se hará girar en sentido horario, también tres veces de los pies a la corona. Volveremos a colocar la etiqueta de diagnóstico "magia, magia ritual, o mal de ojo", con la parte lisa o ranurada del péndulo hacia abajo, testando de nuevo los chacras uno por uno, para asegurarnos que se ha limpiado la magia.

Si persiste la magia en algún lugar, testaremos con la etiqueta "reencarnación", para saber si viene de alguna reencarnación anterior.

En caso positivo, hacemos girar la etiqueta "reencarnación" en sentido anti horario de la cabeza a los pies, las veces que sean necesarias hasta conseguir tres pasadas limpias. Una vez conseguidas, volvemos a realizar el proceso completo de la magia ritual.

Irradiamos la etiqueta "redentor de YHWH". Cerramos el proceso como se ha descrito anteriormente. Para finalizar, procederemos igual que en tratamientos anteriores, irradiando las etiquetas de crecimiento personal que sintamos necesarias.

Anexo al tratamiento

En cualquiera de los dos tratamientos anteriores, antes de cerrar utilizando la etiqueta de "abrir y cerrar proceso", aprovechando que tenemos el aura del paciente abierta, podemos añadir un tratamiento de "alineado y potenciación de chacras" para intensificar el tratamiento efectuado.

Tratamiento de "limpieza de larvas"

Una vez hecho el diagnóstico de las larvas, actuaremos como en el caso de las magias (filtro o esencia de muérdago) pero esta vez insistiendo en los chacras afectados.

Colocación del péndulo, con la etiqueta de "larva astral" y la parte ranurada o lisa hacia el paciente, irradiamos en sentido anti horario tres veces del raíz al corona para sacar la larva.

Volvemos a testar para asegurarnos de su eliminación. En caso de que la larva haya cambiado de lugar o siga persistiendo en el mismo, realizaremos el tratamiento de "magia ritual" por si existe algún tema oculto profundo, y volvemos a testar.

Una vez extraída la larva, pasaremos la etiqueta "redentor de YHWH" tres veces en sentido horario, de los pies a la corona del paciente. Cerramos el proceso como se ha descrito anteriormente.

Para finalizar, procederemos igual que en tratamientos anteriores, irradiando las etiquetas de crecimiento personal que sintamos necesarias. Diagnóstico y tratamiento con la etiqueta "Ve" La etiqueta "Ve" se utiliza para diagnosticar y limpiar pensamientos energías negativas de la persona.

Para testar, pondremos la parte lisa (o ranurada) del péndulo hacia abajo, y actuaremos en los chacras donde nos hayan salido miasmas anteriormente, sobre todo cuando el miasma se ha encontrado en el chacra 4 y 6, ya que cuando existen miasmas en esos chacras conjuntamente.

Es muy probable que nos enfrentemos a un pensamiento o sentimiento con energía negativa. Testamos con esta etiqueta "Ve" en estos dos chacras 4 y 6, y si el resultado es positivo, damos la vuelta al péndulo y lo hacemos girar en sentido anti horario, para limpiar, tres veces desde el chacra raíz al corona.

También podríamos utilizar para este tratamiento el filtro o la esencia de ROSA DE MONTAÑA . Volvemos a testar para comprobar que el pensamiento / sentimiento negativo ha desaparecido.

En el caso de seguir persistiendo, hacemos girar el péndulo otra vez en sentido anti horario en modo terapia durante 1 minuto, y volvemos a testar.

Esta etiqueta se puede utilizar también en casos de cáncer y enfermedades crónicas o agudas en pleno proceso, para limpiar las energías negativas que el propio paciente crea por sí mismo. Igualmente, se podría utilizar directamente en las zonas del cuerpo que estuvieran afectadas.

Diagnóstico y tratamiento con la etiqueta "Geopatología"

Esta etiqueta "Geopatología" se utiliza para medir determinadas zonas de casas que se ven afectadas por la cercanía de antenas.

Sirve también para detectar las líneas de Hartmann o Curry. En caso de algún problema físico ya manifestado en el paciente, le testaremos con esta etiqueta en las diferentes capas, con el fin de averiguar si le está afectando alguna geopatía.

En radiestesia, los cruces de las líneas Hartmann son unas intersecciones de las supuestas líneas de fuerza de la red Hartmann, y se corresponden con puntos donde una energía imaginaria es más intensa.

La existencia de esta red de líneas de energía fue postulada por el doctor Peyre hacia 1935, y más tarde sus ideas fueron extendidas por Ernst Hartmann. La energía de esta red de ondas procede del interior de la Tierra. La red Curry, llamada así en honor a su descubridor el doctor Manfred Curry en el siglo pasado, se proyecta en sentido oblicuo a los puntos cardinales y es también conocida como red diagonal.

La red Curry ataca principalmente a las neuronas, y actúa negativamente en el desarrollo de muchas enfermedades mentales como la depresión, la demencia senil y el Alzheimer. Dormir sobre una línea o un cruce Curry que pase por la cabeza, puede ayudar a contraer una depresión en un corto periodo de tiempo, si somos personas aprensivas o con un sistema nervioso débil.

Diagnóstico y tratamiento con la etiqueta "campo magnético"

En cualquier momento del tratamiento y una vez acabada la limpieza energética, se recomienda utilizar la etiqueta "campo electromagnético" para recomponer todo el aura en las posibles fisuras que pudieran haberse producido.

PROCESO

Colocar en el péndulo la etiqueta "campo electromagnético" con la parte ranurada hacia el paciente. Hacer un recorrido con el péndulo por todos los chacras en todas sus capas, por delante y por la espalda del paciente, dejando desde la posición de reposo (o habiéndolo hecho oscilar según otra escuela) que el péndulo se ponga a girar en cualquier sentido.

Este movimiento indicará que se está cerrando la posible fisura que pudiera haber en el aura. Debemos mantener el péndulo en cada posición sin pasar a la siguiente, hasta que éste se detenga o empiece de nuevo a oscilar. Podemos reforzar esta acción reparadora del aura, haciendo uso del FILTRO O ESENCIA DE FLOR DE LYS.

Tratamiento con la etiqueta "unir"

Esta etiqueta se utilizará en caso de roturas de ligamentos, huesos etc., asegurándonos primero de que se encuentre la escayola definitivamente colocada. En caso de cirugía, ayuda a cicatrizar y a cerrar la fisura que la cirugía haya podido producir en el aura.

Tratamiento de órganos

En caso de algún órgano afectado, colocaremos la etiqueta con la parte ranurada o lisa hacia abajo, y haremos girar al péndulo en sentido horario sobre el órgano concreto durante aproximadamente un minuto. Con esto, lo que conseguimos es pasar a las células del cuerpo la información de crear el órgano perfecto.

También podríamos facilitar al paciente una fotocopia de la etiqueta del órgano que necesite trabajar, para que se lo aplique en la zona afectada.

Tratamiento con etiquetas de crecimiento personal

Concluida la fase de limpieza, se le pide al paciente que se acueste boca arriba, a fin de proceder a la fase de sanación.

En esta fase se utilizarán las etiquetas de crecimiento personal, probando cada una de ellas en los chacras o zonas que se encontraban afectadas, hasta encontrar la etiqueta adecuada. Para ello colocaremos y probaremos una por una cada etiqueta, utilizando la cara lisa (o ranurada) del péndulo hacia el paciente en modo de detección.

Cuando encontremos la etiqueta idónea, que será aquella que haga que el péndulo se ponga a girar, entonces recorreremos el cordón para que el péndulo quede con su cara estriada (o lisa) hacia el paciente y continuaremos la irradiación de la onda forma, hasta que el péndulo se detenga o empiece a oscilar.

Tratamiento con el péndulo a distancia. No es necesario que la persona se encuentre presente para efectuar el tratamiento, dado que el péndulo funciona también a distancia utilizando una foto, o el nombre y la fecha de nacimiento del paciente.

Utilizaremos el péndulo de la misma forma que en presencial: primero testaríamos con las etiquetas correspondientes y si es necesario realizaríamos terapia. Al realizar terapia, es normal que el péndulo tarde más tiempo que si estuviera el paciente presente.

Auto tratamiento

El procedimiento será igual que el de "a distancia". Podemos utilizar un muñeco con nuestra foto, sobre el que le desarrollaríamos todo el proceso como si fuera nosotros mismos. Tratamiento a plantas y a animales . En plantas utilizaremos las etiquetas de limpieza, geopatología y campo electromagnético.

En animales podemos utilizar casi todas las etiquetas, testando y emitiendo las energías que sean necesarias. Es muy curioso ver las reacciones de los animales cuando se les está efectuando el tratamiento. Recomendación después de una sesión con péndulo hebreo. Es recomendable que después del tratamiento el paciente descanse, o que por lo menos no tenga actividades que le demanden un gran esfuerzo físico.

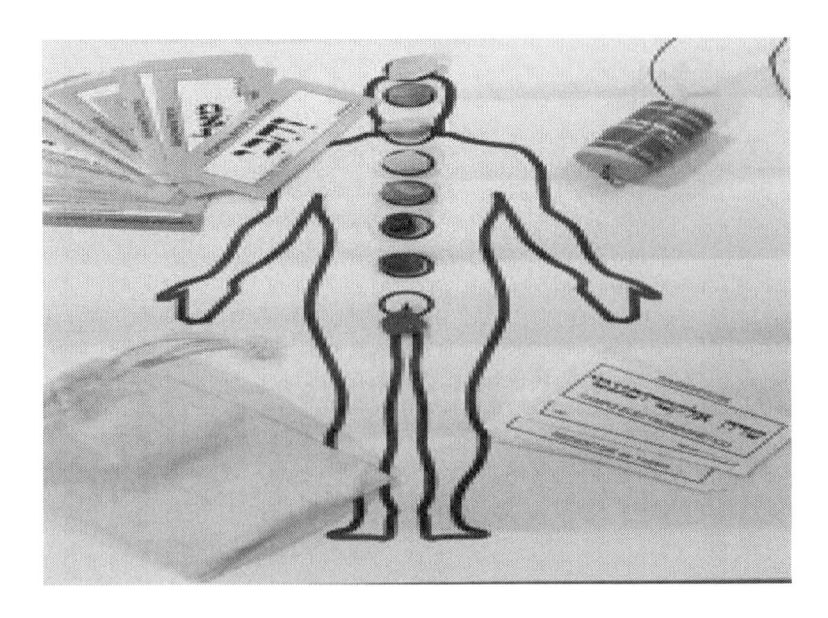

PALABRAS FINALES

Bien querido lector, al terminar este libro, permiteme que repasemos lo mas vital de este libro, y que te de unos consejos amorosos.

Realmente no tienes un libro, esto es una carta de Dios, el cual escuchó tu llamado. Dios, te ama y este libro es la forma de que lo sepas, con 72 formas diferentes. Si, se, estoy seguro del todo, de que ya estás experimentando los efectos de paz del Espíritu Santo. Deseo que entiendas que este libro es el comienzo de una nueva vida, de una nueva visión, de un cambio total en tu vida.

Como dije en la introducción, da igual si eres de una religión, o eres ateo, al trabajar con los 72 nombres de Dios, le sentirás con fuerza, claridad e intensidad, tanto que quizás ahora estés llorando de alegría.

Mi consejo es que no dejes de trabajar ya jamas con los 72 nombres de Dios. Puede que durante un mes, o dos o el tiempo que sea sientas que debes trabajar con tres, cinco o mas nombres, y después con otros distintos. Los 72 nombres de Dios los vas a necesitar en todas las etapas de tu vida en un cualquier momento. Por ello, haz de este libro y su información que Dios te da una forma de vida.

Si llegaste a este libro por problemas de dinero, o de pareja, o por una enfermedad, o por una depresión, o por cualquier motivo, decreto en nombre de YO SOY EL QUE SOY, que todo eso ya está sanado.

Respecto a el péndulo hebreo, creo que habrás entendido la herramienta maravillosa que hoy tienes. Con el puedes diagnosticar y sanar cualquier situación y problema, y potenciarlo con los 72 nombres de Dios. Por ello, una vez mas, vuelvo a decirte que Dios te ama ya que te dio estos regalos que de seguro cambian tu vida.

Para terminar, solo te pido que trates con respeto lo que aquí has aprendido, y que utilices los 72 nombres de Dios con fines amorosos y espirituales. Si solo buscas egoísmo, satisfacción, los 72 nombres de Dios no funcionara. El amor es la clave de este libro, y solo el amor sera la salvación de este mundo.

Desde mi lugar de paz, te saludo con amor.

Alberto Lajas

SOBRE ALBERTO LAJAS

Centro Lajas Internacional es uno de los proyectos de Alberto Lajas, el cual llevaba años queriendo hacer realidad. Centro Lajas Internacional es una empresa joven, nacida en Julio del 2018, y sus comienzos han sido impartiendo decenas de cursos online a los muchos seguidores que tiene lajas en todo el mundo, mas de 45.000 en su canal Youtube.

Pero Alberto Lajas ahora está centrado en impartir cursos específicos para empresas y gimnasios. Alberto Lajas es consciente de que una de las cusas de que miles de trabajadores tengan poca productividad o causen bajas medicas por estrés, depresión o cuadros de angustia y ansiedad se puede reducir en un alto porcentaje por medio de los cursos que hoy presenta, curso de técnicas de meditación, auto-reiki, Ley de Atracción, Ho Oponopono, etc.

Centro Lajas Internacional ademas tiene proyectado y está haciendo las gestiones oportunas para que en breve Alberto Lajas visite Estados Unidos y América Latina, donde tiene el 90 % de sus seguidores, para impartir conferencias y seminarios relacionados con la mejora interior .

¿QUIEN ES ALBERTO LAJAS?

Jose Alberto Lajas Antunez, nace en Gallarta, Vizcaya, España, el diez de Diciembre de 1964. El pequeño de cinco hermanos, siempre resaltó en el ambiente familiar por su alta sensibilidad y capacidad especial para "ver en el mundo espiritual" y para sanar con la imposición de manos, algo que hacia de forma inconsciente. Para saber mas detalles de Alberto Lajas, te invitamos a que leas a continuación su biografía profesional.

BIOGRAFÍA DE ALBERTO LAJAS

ESTUDIOS REALIZADOS

Diplomado en Naturopatia en Centro de Enseñanzas Naturales de Barcelona. Experto en Homeopatía, Flores de Bach, Sales de Sussler, Oligoterapia, Fitoterapia, examen por el iris, masajes drenantes integrales, masajes reflexoterapicos de pie, Reiki Master.
-Cursos de creación de empresas y emprendimiento, varios, realizados en Dema, (Diputación de Bizcaia), Google Activate, realizado en la Universidad de Ingenieros de Bilbao. -Diversos cursos de edición de vídeo y sonido, creación y maquetacion de libros, etc. -Cursos de locución radiofónica y doblaje y participación en emisoras de radio.

CONFERENCIAS DESTACADAS IMPARTIDAS POR LAJAS

– Conferencia " Como nos ayudan los Guías Espirituales, impartida en las veinticinco jornadas para-científicas de Colindres, (Cantabria) ante la presencia de mas de medio millar de asistentes, (https://www.youtube.com/watch?v=couyoFvySOk) .

-Conferencia " tu puedes hacer milagros" en diversas localidades, (https://www.youtube.com/watch?v=gUcqPVbVpmo&t=1s) .

RESUMEN DE ACTIVIDAD PROFESIONAL DE LAJAS

-Centro Dietetico Herbo Iscar, Valladolid
-Centro Dietetico Ziguis, Bilbao
-Gimnasio Hidra, Soria
-Centro Dietetico Alas Nature, Balmaseda
-Centro Dietetico Yoday, Bilbao
-Centro Dietetico Gernika, Vizcaya
-Parafarmacia en Lekeitio, Vizcaya
-Herbolario Mertxe, Soduoe, Bizkaia
-Centro Ditetetico , Isabel Peinado, Astrabudua, Bizkaia
-Eko Tienda al Alba, Erandio, Bizkaia
-Diversos cursos impartidos para el Ayuntamiento de Erandio, Bizkaia
-Actualmente director de Centro Lajas Internacional.

ALGUNOS LIBROS MAS IMPORTANTES DE LAJAS

-Infancia Robada
-El Milagro de Tadeo
-Alan Y Elizabeth
-Manual del trabajador de la luz
-El Libro secreto de Merlín
-El viaje de Merlín por los túneles de la sabiduría.
-Transforma tu vida con Ho Oponopono
– Iniciación al reiki, nivel uno
-Curso Online Experto en Medicina Holistica, nivel primero
-Curso de Ho Oponopono
-Curso de Mind Fulness

Printed in Great Britain
by Amazon